대바늘 & 코바늘로 만든 실용 소품

꽃과 작은 손뜨개

대바늘 & 코바늘로 만든 실용 소품

꽃과 작은 손뜨개

료카이 가즈코 지음

RHK
알에이치코리아

사랑스럽게 피어난 꽃, 산뜻한 느낌의 꽃,

기분까지 밝게 해주는 앙증맞은 꽃들.

털실의 온기를 그대로 품은 깜찍하고 따스한

꽃 모티프로 만든 소품을 소개합니다.

자투리 실로 손뜨개의 행복을 만끽해보세요.

손뜨개의 즐거움은 실 고르기부터 시작됩니다.

알록달록 다채로운 색깔의 실을 보노라면

솜씨가 없어도 뜨개질이 하고 싶어져요.

자, 이제 좋아하는 털실로 아기자기한 나만의 작품을 떠볼까요.

서툴지만 정성껏 뜬 귀여운 소품들로 나만의 소품을 완성해보세요.

:CONTENTS

PART 01
일상이 화사해지는 리빙 소품

PART 02

멋을 더해주는 패션 소품

: CONTENTS

PART 03
포인트 아이템, 백 & 코르사주

이 책에 소개된 작품은 '유자와야 ユザワヤ'에서 파는
먼셀 메리노, 에페소, 라이트 모헤어를 사용했습니다.
이 털실은 인터넷으로 구입할 수 있습니다.
자세한 내용은 198쪽을 참고하세요.

일상이 화사해지는 리빙 소품

손뜨개로 귀여운 꽃무늬를 넣은 소품을 만들어보세요.
화사한 꽃송이가 즐거움을 더해줄 거예요.
쿠션, 담요, 컵 홀더, 도일리, 커버 같은
작은 소품 하나만으로 집 안 분위기가 한결 산뜻해진답니다.
소소한 손뜨개로 행복한 일상을 누려보세요.

FLOWER CUSHION

꽃 모티프와 꽃 자수 쿠션

입체 꽃 모티프와 크로스스티치로 꾸민 쿠션이에요.
아기자기한 쿠션만 있으면
집 안에서 언제나 꽃을 즐길 수 있답니다.

HOW TO MAKE *85~90p*

사용한 실 ┃ 꽃 모티프 쿠션 : 유자와야 먼셀 메리노 레인보우
꽃 자수 쿠션 : 유자와야 먼셀 메리노 레인보우, 앵커 자수용 털실

017

FLOWER CUSHION

폼폼 꽃 쿠션과 코바늘 꽃 쿠션

알록달록한 폼폼 달린 꽃 자수 쿠션과
포근한 코바늘 꽃 쿠션이에요. 의자에 놓아두면 방 안이 화사해진답니다.

HOW TO MAKE *91~95p*

사용한 실 | 유자와야 먼셀 메리노 레인보우, 앵커 자수용 털실

MINI BLANKET
미니 무릎담요

사용하기 편한 사이즈로 뜬 포근한 무릎담요예요.
꽃잎이 도드라지는 입체 꽃 모티프를 다양한 색실로 떠서 이어 붙이면 간단하게 만들 수 있어요.

HOW TO MAKE *96~97p*
사용한 실 | 유자와야 먼셀 메리노 레인보우

COLORFUL
MOTIF
BLANKET

컬러풀 블랭킷

눈이 즐거운 깜찍한 색감의 블랭킷이에요.
포근한 감촉에 아주아주 따스하답니다.
꽃봉오리 테두리 장식으로 앙증맞은 느낌을 더했어요.

HOW TO MAKE *98~100p*

사용한 실 | 유자와야 먼셀 메리노 레인보우

CROCHET BLANKET

크로셰 블랭킷

이렇게 귀여운 꽃 모티프 블랭킷이 있으면
어디든지 들고 다니며 자랑하고 싶어질 거예요.
경쾌한 느낌의 배색, 입체 모티프,
꽃봉오리 테두리 장식이 멋스럽게 잘 어울리네요.

HOW TO MAKE *101~103p*

사용한 실 | 유자와야 먼셀 메리노 레인보우

ROSE
FLOWER
DOILY

장미꽃 도일리

산뜻한 흰색과 파란색이 어우러진 꽃 모양 도일리에 장미꽃을
장식해 산뜻한 스타일로 완성했어요.
공간을 화사하게 장식하는 포인트 아이템으로 제격이죠.

HOW TO MAKE *104~106p*

사용한 실 | 유자와야 먼셀 메리노 퀸, 앵커 자수용 털실

FLOWER DOILY
꽃 도일리

화사한 장미꽃이 방 안에 활짝 피었어요.
장미꽃 모티프를 더한 타원형 도일리가 눈길을 잡아끄네요.

HOW TO MAKE *107~109p*

사용한 실 | 유자와야 먼셀 메리노 레인보우

EMBROIDERY
COASTER
꽃 자수 코스터

자투리 털실로 쉽게 만들 수 있는 코스터랍니다.
귀여운 미니 장미가 포인트로 즐거운 티타임의 필수품이지요.

HOW TO MAKE *110~111p*

사용한 실 | 유자와야 먼셀 메리노 레인보우, 앵커 자수용 털실

CUP HOLDER
컵 홀더

불리온로즈 스티치의 섬세한 장미 자수가 돋보이는 컵 홀더예요.
온 가족이 각기 다른 색깔로 자신만의 컵 홀더를 떠보면 어떨까요?

HOW TO MAKE *112~113p*

사용한 실 ┃ 유자와야 먼셀 메리노 퀸, 앵커 자수용 털실

BOTTLE COVER

유리병 커버

부엌을 화사하게 꾸며주는 비침무늬 꽃 모티프 커버랍니다.
작은 모티프로 만든 유리병 커버를 밋밋한 병에 하나씩 씌워주세요.
주방에 활기를 더할 수 있답니다.

HOW TO MAKE *114p*

사용한 실 | 유자와야 먼셀 메리노 퀸

BEADS BOTTLE COVER

비즈 장식 유리병 커버

여성스러운 색감의 모티프를 만든 뒤
비즈를 달아서 자연스럽게 흘러내리도록 했답니다.
잼병, 양념통 등에 씌워 리본으로 살짝 묶어주면 선물용으로도 그만이에요.

HOW TO MAKE *115p*

사용한 실 | 유자와야 먼셀 메리노 퀸

EGG
WARMER
달걀 워머

아침 식탁을 즐겁게 해줄 깜찍한 줄무늬 달걀 워머예요.
에그 홀더에 달걀을 얹고 워머를 씌우면
재미난 모습에 아이들도 더욱 맛있게
아침밥을 먹겠죠? 워머는 달걀의 온기도 유지해준답니다.

HOW TO MAKE *116p*
사용한 실 | 유자와야 먼셀 메리노 레인보우

TEA POT WARMER

티 포트 워머

한숨 돌리고 싶을 때는 티타임을 가져보세요.
손뜨개 워머로 감싼 포트와 어여쁜 찻잔을 앞에 두면
마음까지 따뜻해질 거예요.

HOW TO MAKE *117~118p*

사용한 실 | 유자와야 먼셀 메리노 레인보우

POT HOLDER
포트 홀더

세련된 느낌의 육각형 포트 홀더에
아름다운 꽃 모티프를 더했어요.
생기 넘치는 잎에 그러데이션으로
표현한 꽃잎이 눈부시네요.

HOW TO MAKE *119~120p*

사용한 실 | 유자와야 먼셀 메리노 레인보우

ROOM SHOES
룸 슈즈

펠트 바닥에서부터 떠서 완성한 장미꽃 룸 슈즈예요.
좋아하는 꽃 모양을 짜 넣은 룸 슈즈는 신을 때마다 기분이 유쾌해질 거예요.

HOW TO MAKE *121~122p*

사용한 실 | 유자와야 먼셀 메리노 레인보우, 앵커 자수용 털실

HANGER
COVER
옷걸이 커버

귀여운 코바늘 무늬뜨기에 꽃을 수놓았어요.
부드러운 색감이 마음까지 포근하게 해주네요.

HOW TO MAKE *123~125p*

사용한 실 | 유자와야 먼셀 메리노 레인보우, 앵커 자수용 털실

FLOWER EDGING
바스켓 클로스 장식

자그마한 핸드메이드 소품 하나로 집 안이 한결 따스한 공간으로 변신한답니다.
사랑스러운 꽃 모양 자수를 피크닉 바구니에 더해보세요.
주방에 두어도 마치 피크닉을 온 것 같은 느낌을 준답니다.

HOW TO MAKE *126~127p*

사용한 실 ㅣ 유자와야 먼셀 메리노 퀸

PART 02

멋을 더해주는 패션 소품

사계절 내내 포근하고
스타일리시한 패션 소품을 만들어보세요.
멋스러움이 넘치는 스톨, 옷에 포인트를 주는 칼라,
깜찍한 양말로 패션 센스를 한껏 살릴 수 있답니다.
직접 만든 손뜨개 아이템만 있으면
언제 어디서든 개성 넘치는 옷차림을 연출할 수 있어요.

PETIT
FLOWER
LARIAT
작은 꽃 래리어트

사랑스러운 꽃송이를 덩굴로 연결한 래리어트는
은근한 화려함이 매력적이죠.
니트에 포인트 액세서리로 활용해
러블리하게 연출할 수 있어요.

HOW TO MAKE *128~129p*

사용한 실 ┃ 유자와야 먼셀 메리노 레인보우, 먼셀 메리노 퀸

LACY STOLE
레이스 스톨

섬세한 비침무늬뜨기와 아름다운 배색이 돋보이는 레이스 스톨이에요.
꽃 모티프 하나로 완성한 머리 장식도 근사하네요.

HOW TO MAKE 130~131p

사용한 실 | 유자와야 먼셀 메리노 퀸

TWO WAY
BOLERO
투웨이 볼레로

보드라운 핑크색 모헤어로 짠 볼레로예요.
등을 중심으로 직사각 형태로 뜨고 둘레에 손뜨개 꽃 브레이드를 달았어요.
머플러처럼 목에 두르면 또 다른 분위기를 자아낸답니다.

HOW TO MAKE *132~134p*

사용한 실 | 유자와야 라이트 모헤어, 먼셀 메리노 퀸

TRIANGLE STOLE
삼각 스톨

앤티크 레이스처럼 섬세하게 뜬
삼각형 스톨이 아주 세련된 느낌을 주네요.
캐주얼하게 걸치기 좋은 아이템이죠.

HOW TO MAKE *135~139p*

사용한 실 | 유자와야 먼셀 메리노 퀸

LACY SNOOD

레이스 스누드

꽃 모티프를 활용해 세상에 하나밖에 없는 레이스 스누드를 만들어보세요.
사랑스러운 색감의 스누드는 포인트 액세서리로 그만이에요.

HOW TO MAKE *140~141p*

사용한 실 | 유자와야 먼셀 메리노 퀸

TWEED CLOCHE

코르사주 장식 모자

모노톤 트위드로 뜬 클로슈에
파란색 코르사주를 장식한 귀여운 모자랍니다.
머리에 살짝 걸치듯 쓰면 아주 멋스러워요.

HOW TO MAKE *142~143p*

사용한 실 | 유자와야 에페소, 먼셀 메리노 퀸, 앵커 자수용 털실

CLOCHE &
NECKLACE
모자와 목걸이

세련되고 맵시 있는 클로슈 모자에 앙증맞은 노란색 아카시아 꽃을 장식했답니다.
화사한 모자에 손뜨개 목걸이까지 더해 스타일리시한 멋쟁이로 거듭나보세요.

HOW TO MAKE *144~146p*

사용한 실 | 유자와야 먼셀 메리노 레인보우, 먼셀 메리노 퀸

Antique Shop

WRIST
WARMERS
손목 워머

꿈 많은 소녀를 위해 꽃송이가 가득한
손목 워머를 만들었어요.
일곱 색깔 파스텔 톤의 사랑스러운 워머는
손뜨개가 아니라면 찾아볼 수 없는 소품이죠.

HOW TO MAKE *147~149p*

사용한 실 | 유자와야 먼셀 메리노 레인보우, 먼셀 메리노 퀸

FLOWER POINT SOCKS
꽃 포인트 양말

러블리한 핑크색 비침무늬 양말과 빨간색·흰색이 어우러진 화사한 꽃무늬 양말이에요.
손뜨개 양말은 한결 따스하고 포근하답니다.

HOW TO MAKE *150~153p*

사용한 실 | 비침무늬 양말 : 유자와야 먼셀 메리노 레인보우, 먼셀 메리노 퀸
꽃무늬 양말 : 유자와야 먼셀 메리노 레인보우, 앵커 자수용 털실

FRILL COLLAR
미니 꽃 장식 칼라

가운데 끈으로 주름을 잡으면 프릴 칼라,
쫙 펴면 머플러가 되는 재미난 아이템이에요.
손뜨개 칼라 하나로 다양한 스타일을 연출해보세요.

HOW TO MAKE *154~155p*

사용한 실 | 유자와야 에페소, 먼셀 메리노 레인보우, 먼셀 메리노 퀸

DOG NECKLACE
& LEG WARMERS
강아지 목걸이와 레그 워머

강아지용 목걸이와 레그 워머는 손뜨개로만 만들 수 있는 아이템이죠.
꽃송이를 달아서 앙증맞은 느낌을 더했답니다.
반려견과 함께 산책할 때 착용하면 산책길이 더욱 즐거울 거예요.

HOW TO MAKE *156~158p*

사용한 실 | 유자와야 라이트 모헤어, 먼셀 메리노 레인보우, 앵커 자수용 털실

HEADBAND & DOG ONE-PIECE
헤어밴드와 강아지 원피스

발랄한 색깔이 어우러진
헤어밴드와 강아지용 원피스예요.
둘 다 코르사주로 장식해
여성스러운 느낌을 주었답니다.

HOW TO MAKE *159~161p*

사용한 실 | 유자와야 먼셀 메리노 레인보우

PART 03

포인트 아이템, 백 & 코르사주

꽃으로 장식한 화려한 포인트 아이템을 짜볼까요?
작은 코르사주만 더하면 분위기를 확 바꿀 수 있어요.
손뜨개로 만든 가방, 코르사주, 슈슈 등 포인트 소품은
어떤 옷차림에도 잘 어울린답니다.
매력을 더하는 작은 아이템 덕분에 온종일 행복한 기분이 들 거예요.

MARCHE BAG
꽃이 만발한 마르세 백

각양각색의 꽃으로 장식한 가방이에요.
마르세 백은 트위드와 스트레이트 얀을 합친 다섯 가닥으로 떠서 튼튼하답니다.
많이 담아도 끊어지지 않으니 안심하세요.

HOW TO MAKE *162~165p*

사용한 실 | 유자와야 먼셀 메리노 레인보우, 에페소, 앵커 자수용 털실

MARGUERITE BAG

마거리트 꽃 가방

마거리트 꽃이 만발한 미니 가방이에요.
마거리트의 꽃말은 '사랑점', '성실'이지요.
사랑하는 마음으로 정성스레 완성해 사랑을 점쳐보세요.

HOW TO MAKE *166~167p*

사용한 실 | 유자와야 먼셀 메리노 레인보우

072

GRANNY BAG
입체 꽃 장식 그래니 백

깜찍한 입체 꽃 모티프가 돋보이는
컬러풀한 가방이에요.
어떤 옷에나 잘 어울리는
센스 만점 아이템이랍니다.

HOW TO MAKE *168~169p*

사용한 실 | 유자와야 먼셀 메리노 레인보우

RETRO GRANNY BAG
코르사주 장식 그래니 백

꽃 코르사주를 장식한 복고풍 그래니 백이에요.
손잡이를 덩굴처럼 표현해 귀여운 느낌을 더했답니다.
앞면과 뒷면의 꽃 색깔을 달리해 다양하게 연출할 수 있어요.

HOW TO MAKE *170~172p*

사용한 실 | 유자와야 먼셀 메리노 레인보우

MINI
TOTE BAG
미니 토트백

작아도 존재감이 넘치는 미니 토트백이에요.
향수를 자극하는 코바늘뜨기 바탕무늬에
알록달록한 꽃송이를 더해 귀엽게 마무리했답니다.

HOW TO MAKE *173~175p*

사용한 실 | 유자와야 먼셀 메리노 레인보우

FLOWER
COIN PURSE
동전 지갑

두 가지 색깔의 앙증맞은 동전 지갑이에요.
짧은뜨기로 단단히 뜬 바탕에 자수용 털실로
활짝 핀 꽃을 수놓고 폼폼을 달아서 아주 깜찍하답니다.

HOW TO MAKE 176~177p

사용한 실 | 유자와야 먼셀 메리노 레인보우, 앵커 자수용 털실

LACY
CHOU CHOU
레이스 슈슈

꽃봉오리가 돋보이는 슈슈랍니다.
머리를 묶는 방법에 따라 프릴의 느낌이
달라지는 아이템이라 더욱 사랑스러워요.
선물하기에도 아주 좋답니다.

HOW TO MAKE *178~179p*

사용한 실 | 유자와야 먼셀 메리노 퀸

GERBERA
CORSAGE

거베라 꽃 코르사주

거베라 꽃을 떠서 코르사주를 만들었어요.
핑크색 거베라의 부드러운 느낌이
마음을 달래주는 듯해요.

HOW TO MAKE *180p*

사용한 실 ┃ 앵커 자수용 털실

ROSE CORSAGE

장미꽃 코르사주

귀여운 꽃송이로 화사한 느낌을 살린 핑크색 장미 코르사주예요.
파스텔 컬러로 여성스럽게 표현했어요.

HOW TO MAKE *181p*

사용한 실 | 앵커 자수용 털실

FLOWER
BOUQUET
CHARM

꽃 장식 참

가방 손잡이에 손뜨개 참을 묶어서
색다르게 꾸며보세요.
고운 빛깔의 색실로 꽃봉오리를 떠서
바구니를 장식하면 항상 꽃과 함께
외출할 수 있답니다.

HOW TO MAKE *182~183p*

사용한 실 ㅣ 앵커 자수용 털실

HOW TO MAKE

만드는 법

FLOWER CUSHION 꽃 모티프 쿠션 16-17p

재료

실 유자와야 먼셀 메리노 레인보우(병태사) [1타래 40g] 연한 핑크색(2) 80g, 물색(79)·녹색(59) 각 25g, 오프화이트색(143) 20g, 빨간색(10)·레몬색(41)·잉크블루색(90) 각 5g

기타 쿠션솜 30×30㎝ 1개

바늘 6/0호 코바늘

완성 치수 33×33㎝

모티프 크기 10×10㎝

게이지(사방 10㎝) 무늬뜨기: 8.5코·8.5단

만드는 법 **POINT** 실은 1가닥으로 뜬다.

1 모티프는 실 고리로 코를 만들어 뜨기 시작한다. 지정 배색대로 뜨고, 모티프 중심의 꽃잎은 지정한 위치에 뜬다. 2번째 장 모티프부터 8단의 지정 위치에서 연결하며 뜬다. 번호 순으로 9장을 연결한다.

2 뒷면은 무늬뜨기 한다.

3 앞면은 실을 달아서 테두리뜨기 a로 한 바퀴 뜬다.

4 3의 실에 이어서 테두리뜨기 b를 하는데, 1단은 앞뒤를 안쪽끼리 맞대어 도안과 같이 주워 뜬다. 한 변은 남겨서 쿠션솜을 넣은 뒤 이어서 뜬다.

※ 앞면 모티프 연결하기

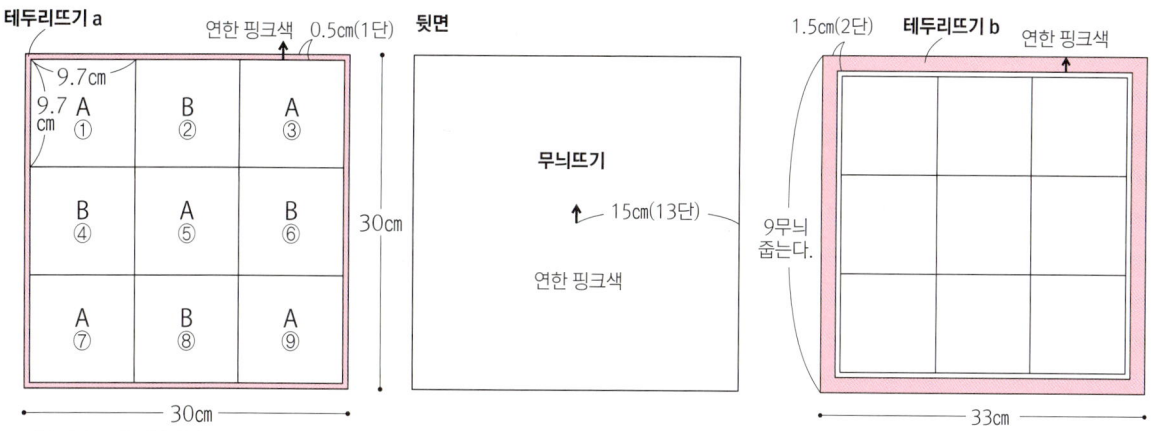

번호 순으로 연결해 뜬다.

8단

중심 꽃잎
──로 표시한
부분에 뜬다.

⊗ = 2단 앞 ✕의 안면 다리를 줍는다.
8단의 지정 위치에서 연결해 뜬다.

9.7㎝

❊ 꽃 모티프 배색

A 핑크색 5장	
중심 꽃잎	빨간색
8단	오프화이트색
7단	녹색
2~6단	연한 핑크색
1단	레몬색

A 파란색 4장	
중심 꽃잎	잉크블루색
8단	오프화이트색
7단	녹색
2~6단	물색
1단	레몬색

❊ 뒷면 무늬뜨기 기호 도안

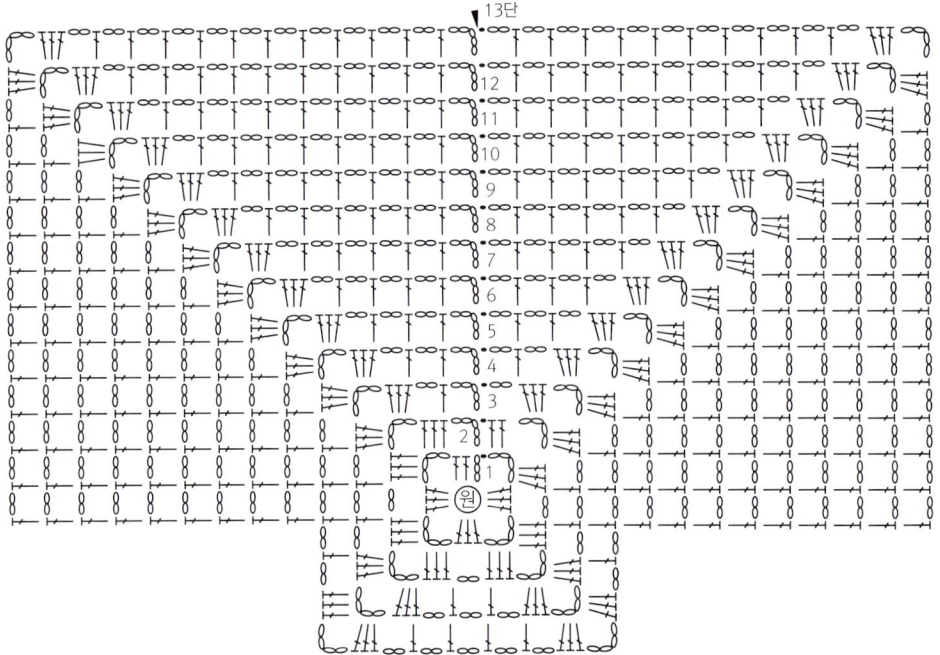

13단

○ = 사슬뜨기

✕ = 짧은뜨기

• = 빼뜨기

┬ = 긴뜨기

┼ = 한길긴뜨기

┼ = 두길긴뜨기

∨ · ⩗ = 짧은뜨기 2코 늘려뜨기

◁ = 실을 단다

◀ = 실을 자른다

※ 꽃 모티프 연결하는 방법과 테두리뜨기 a · b

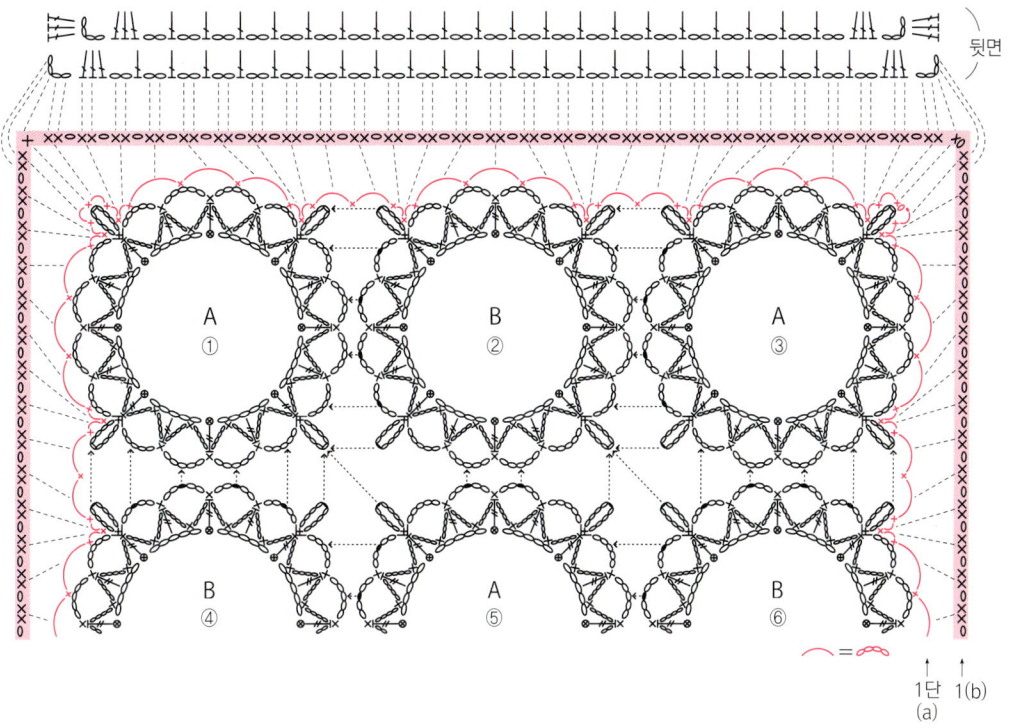

테두리뜨기 b

087

FLOWER CUSHION 꽃 자수 쿠션 16-17p

재료

실 유자와야 먼셀 메리노 레인보우(병태사)[1타래 40g] 오프화이트색(143) 140g
테두리뜨기 · 자수 실 앵커 아트 4238 (타피스리 울)[1타래 10m] 터쿼이즈블루색(8806) 5타래, 에크뤼색(8006) · 밝은 빨간색(8198) · 핑크색(8452) · 연한 핑크색(8432) · 노란빛 녹색(9118) 각 1타래, 잉크블루색(8690) · 카키색(9202) · 겨자색(9282) 각 소량

기타 쿠션솜 30×30cm 1개, 웨이스트 캔버스(44칸/10cm) 25×18cm 1개

바늘 5/0호 코바늘   **완성 치수** 32×32cm

게이지(사방 10cm) 무늬뜨기: 27코 · 10.5단

만드는 법   **POINT** 실은 1가닥으로 뜬다.

1 본체는 사슬뜨기로 코를 만들어 뜨기 시작한다. 1단은 사슬 반 코와 뒷산을 주워서 뜬다. 2단의 한길긴뜨기 줄기뜨기는 앞단의 앞쪽 반 코를 주워 떠서 겉면에 줄무늬가 나오도록 한다. 2장을 뜬다.

2 앞면에 자수를 놓는다. 하프 크로스스티치는 웨이스트 캔버스를 사용한다.

3 짧은뜨기는 앞뒤에서 각각 줍고 테두리뜨기는 앞뒤를 안쪽끼리 맞대어 2장에서 한꺼번에 줍는다. 한 변은 남겨서 쿠션솜을 넣은 뒤 이어서 뜬다.

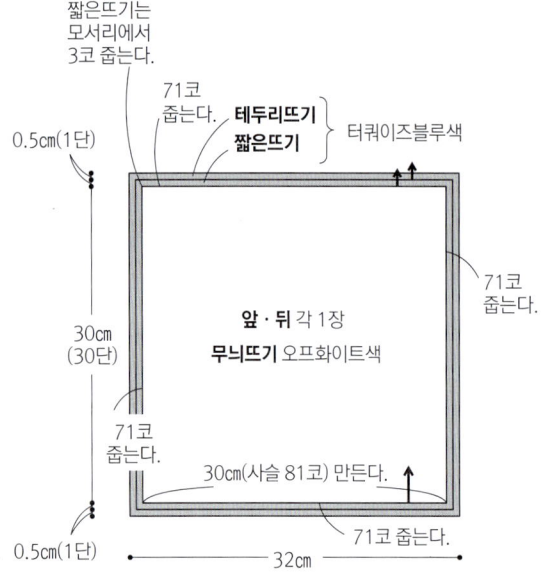

※ **자수 배치도**

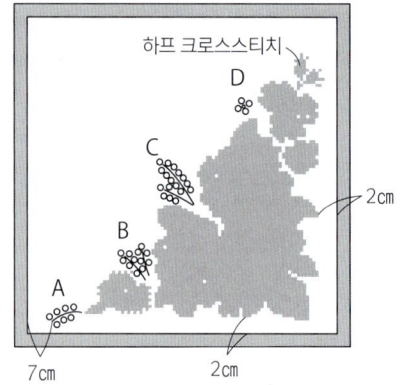

※ 쿠션 기호 도안

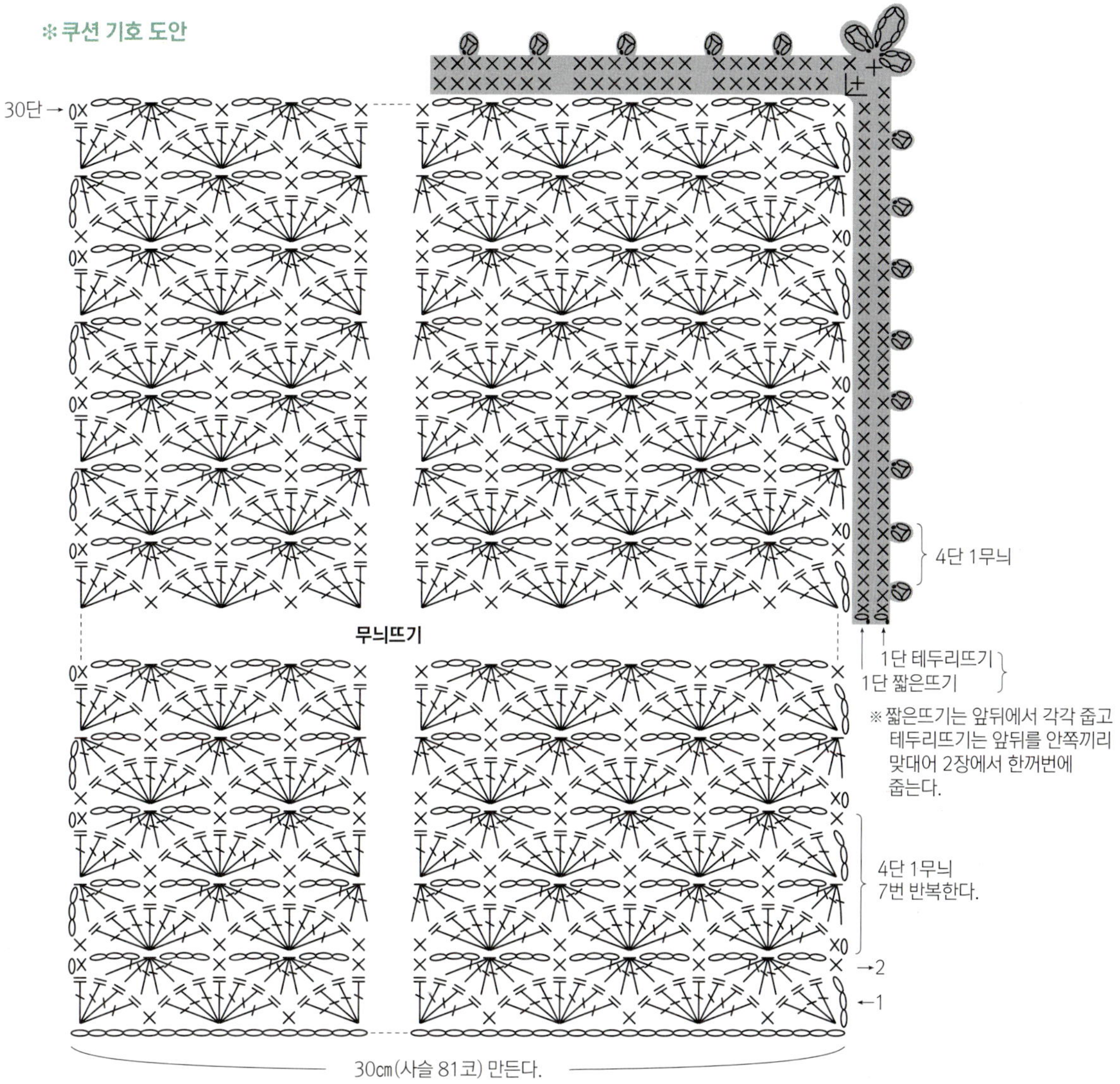

30단 →

무늬뜨기

4단 1무늬

1단 테두리뜨기
1단 짧은뜨기

※짧은뜨기는 앞뒤에서 각각 줍고
테두리뜨기는 앞뒤를 안쪽끼리
맞대어 2장에서 한꺼번에
줍는다.

4단 1무늬
7번 반복한다.

→2
←1

30cm(사슬 81코) 만든다.

※ 기호의 명칭

○ = 사슬뜨기	= 한길긴뜨기 7코 늘려뜨기	⬭ = 사슬 3코 피코뜨기
✕ = 짧은뜨기	= 한길긴뜨기 줄기뜨기 6코 모아뜨기 (앞단의 앞쪽 반코 줍기)	⬭ = 사슬 5코 피코뜨기
• = 빼뜨기	= 짧은뜨기 3코 늘려뜨기	⬭ = 사슬 7코 피코뜨기
T = 한길긴뜨기		

◁ = 실을 단다
◀ = 실을 자른다

❋ 자수 기호 도안(실물 크기)

A

프렌치너트 스티치
겨자색(3번 감기)

아우트라인 스티치
노란빛 녹색

B

C

D

프렌치너트 스티치
겨자색(3번 감기)

밝은 빨간색
(2번 감기)

프렌치너트 스티치
잉크블루색(3번 감기)

❋ 하프 크로스스티치 도안

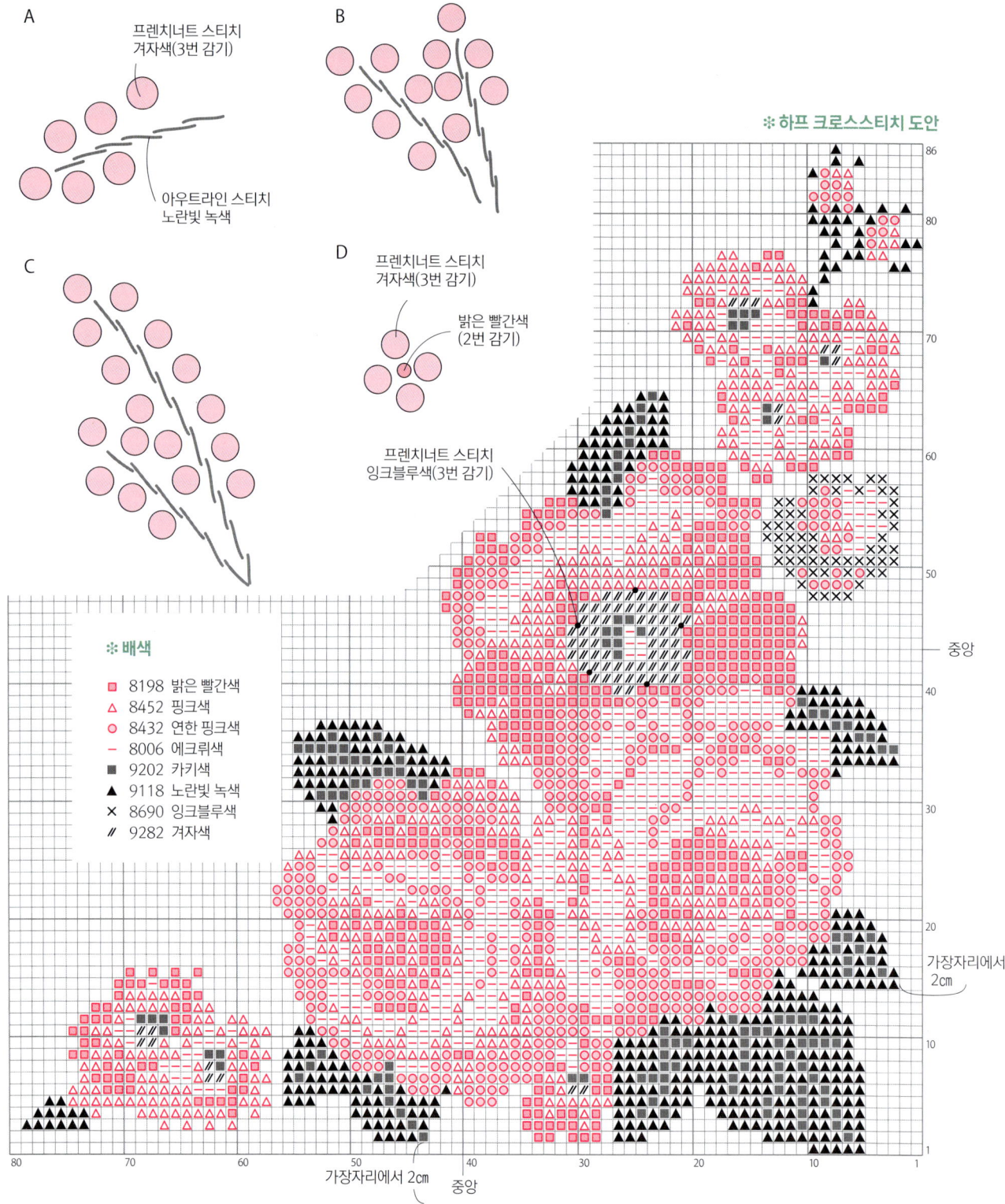

❋ 배색

- ⬜ 8198 밝은 빨간색
- △ 8452 핑크색
- ◯ 8432 연한 핑크색
- — 8006 에크뤼색
- ⬛ 9202 카키색
- ▲ 9118 노란빛 녹색
- ✕ 8690 잉크블루색
- ⫻ 9282 겨자색

중앙

가장자리에서
2㎝

가장자리에서 2㎝   중앙

FLOWER CUSHION 폼폼 꽃 쿠션 18-19p

재료

실 유자와야 먼셀 메리노 레인보우(병태사)[1타래 40g]

본체 연청색(82) 100g

폼폼용 실 연한 핑크색(2)·노란색(46)·담녹색(55)·파란색(89)·연한 라벤더색(112)·핑크색(124) 각 10g

자수실 앵커 아트 4238(타피스리 울)[1타래 10m] 주홍색(8216)·연한 핑크색(8432)·짙은 핑크색(8438)·핑크색(8452)·짙은 녹색(9008)·황록색(9102) 각 소량

기타 쿠션솜 30×30cm 1개, 웨이스트 캔버스(34칸/10cm) 16×15cm 1개, 폼폼 메이커(지름 2cm용)

바늘 5호(3.6mm) 대바늘 2개, 5/0호 코바늘

완성 치수 34×34cm

게이지(사방 10cm) 메리야스뜨기: 21코·30단

만드는 법

POINT 실은 1가닥으로 뜬다.

1 앞·뒤는 일반적인 방법으로 64코를 만든 뒤 메리야스뜨기로 증감 없이 뜨고 마지막은 덮어씌워 코막음을 한다.

2 앞 중앙에 웨이스트 캔버스를 사용해 크로스스티치를 한다.

3 앞·뒤를 안쪽끼리 맞대어 둘레를 짧은뜨기로 연결하고 15cm 정도 트임 구멍을 남긴다.

4 트임 구멍으로 쿠션솜을 넣고 3에 이어서 뜬다.

5 지름 2cm 폼폼을 색깔별로 4개 만들어 둘레에 단다.

※ 완성 방법

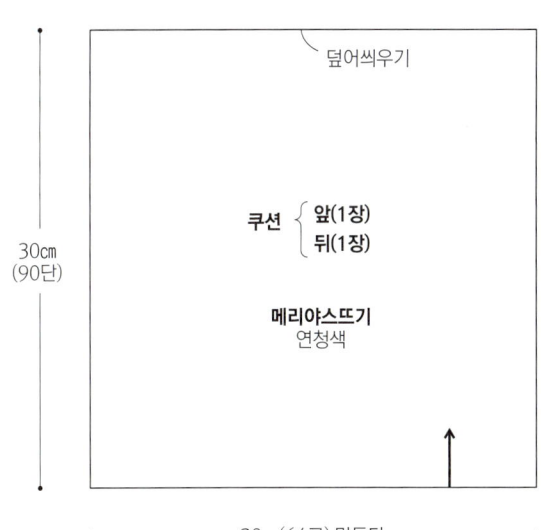

덮어씌우기

쿠션 { 앞(1장) / 뒤(1장) }

메리야스뜨기
연청색

30cm
(90단)

30cm(64코) 만든다.

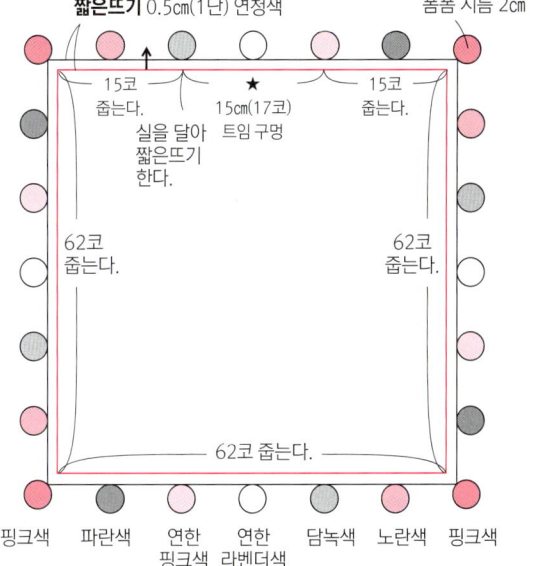

짧은뜨기 0.5cm(1단) 연청색

폼폼 지름 2cm

15코
줍는다.

15cm(17코)
트임 구멍

★
실을 달아
짧은뜨기
한다.

15코
줍는다.

62코
줍는다.

62코
줍는다.

62코 줍는다.

핑크색　파란색　연한 핑크색　연한 라벤더색　담녹색　노란색　핑크색

※ 꽃 자수 도안 크로스스티치(1가닥)

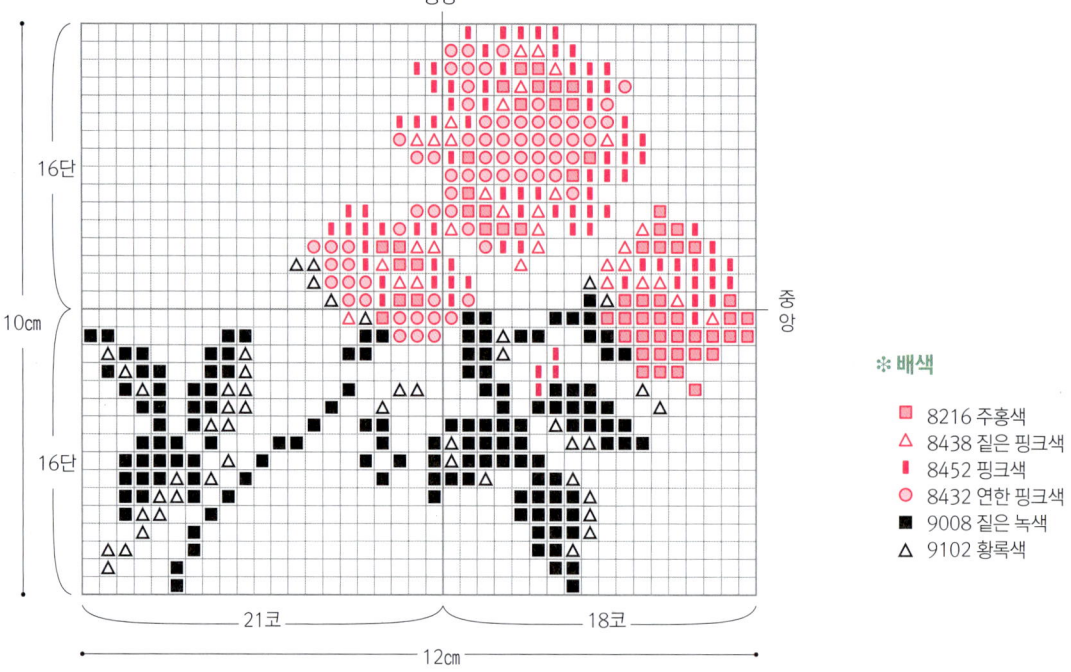

중앙

16단

10cm

16단

21코

18코

12cm

중앙

중앙

※ 배색

- ■ 8216 주홍색
- △ 8438 짙은 핑크색
- ❙ 8452 핑크색
- ○ 8432 연한 핑크색
- ■ 9008 짙은 녹색
- △ 9102 황록색

※ 크로스스티치

하프 크로스스티치는 1, 2를 반복한다(177쪽 참고).

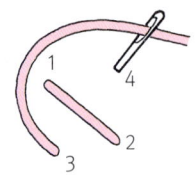

※ 폼폼 만드는 방법(폼폼 메이커를 사용하지 않을 때)

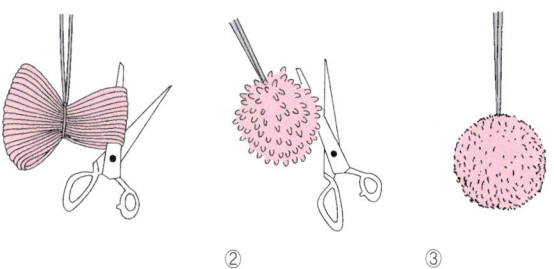

① 폼폼 지름에 1㎝를 더한 폭의 두꺼운 종이에 실을 지정 횟수 만큼 감아서 중앙을 묶고 양끝 을 자른다.

② ①을 둥글게 다듬는다.

③ 중앙의 실로 꿰매어 단다.

FLOWER CUSHION 코바늘 꽃 쿠션

18-19p

재료

실 유자와야 먼셀 메리노 레인보우
(병태사)[1타래 40g]
본체 옅은 민트그린색(67) 280g
꽃 모티프 노란색(46) 27g, 핑크색
(124) 12g, 녹색(59) 10g, 연한 핑
크색(2) · 연한 라벤더색(112) 각
6g, 주황색(16) · 파란색(89) · 에크
뤼색(143) 각 소량

기타 쿠션솜 30×30cm 1개

바늘 6/0호, 5/0호 코바늘

완성 치수 33×33cm

게이지(사방 10cm) 한길긴뜨기: 20코
· 11단

만드는 법 **POINT** 실은 1가닥으로 뜬다.

1 뒤는 사슬뜨기로 60코를 만들고 한길긴뜨기로
증감 없이 33단을 뜬다.

2 앞 모티프 A는 실 고리로 코를 만들어 뜨기 시작
한다. 5단은 4단의 사슬뜨기를 묶음으로 주워 뜬
다. 9단까지 코를 늘리면서 뜬다. 2번째 장 모티프
부터 마지막 단의 지정 위치에서 빼뜨기로 4장을
연결하며 뜬다(138쪽 참고). 꽃 모티프를 5장 뜨
고 쿠션 중앙과 모티프 A의 중앙 네 군데에 단다.

3 앞·뒤를 안쪽끼리 맞대어 둘레를 짧은뜨기로 연
결하고 15cm 정도 트임 구멍을 남긴다.

4 작은 꽃 모티프 10장과 잎 3장을 뜨고 지정 위
치에 단다.

5 트임 구멍으로 쿠션솜을 넣은 뒤 **3**에 이어서 뜬다.

❈ **앞 모티프 연결하기**

15cm

15cm A   A

A   A

❈ **뒤**

한길긴뜨기
옅은 민트그린색
(6/0호 코바늘)

30cm
(33단)

30cm(60코) 만든다.

093

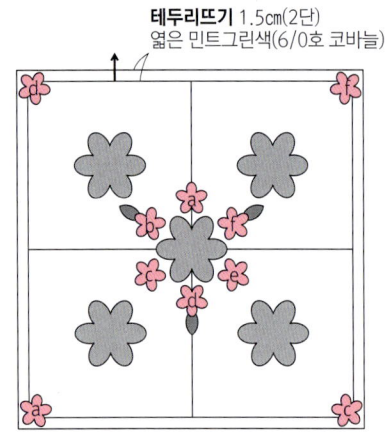

테두리뜨기 1.5cm(2단)
옅은 민트그린색(6/0호 코바늘)

= 꽃 모티프

= 작은 꽃 모티프

= 잎

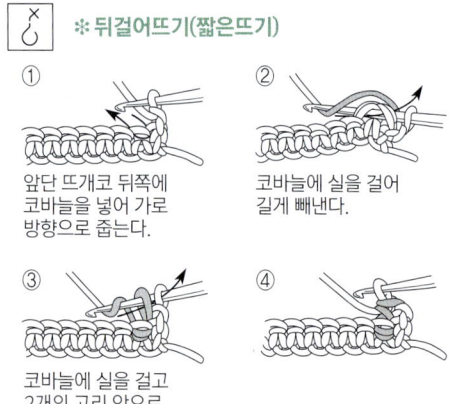

❋ 뒤걸어뜨기(짧은뜨기)

① 앞단 뜨개코 뒤쪽에 코바늘을 넣어 가로 방향으로 줍는다.

② 코바늘에 실을 걸어 길게 빼낸다.

③ 코바늘에 실을 걸고 2개의 고리 안으로 한꺼번에 빼낸다.

④

❋ 기호의 명칭

○ = 사슬뜨기

✕ = 짧은뜨기

┬ = 긴뜨기

• = 빼뜨기

╤ = 한길긴뜨기

╪ = 두길긴뜨기

⌒✕ = 뒤걸어뜨기(짧은뜨기)

⋎⋎ = 짧은뜨기 2코 늘려뜨기

⊘ = 사슬 3코 피코뜨기

= 세길긴뜨기 2코 구슬뜨기

= 긴뜨기 5코 구슬뜨기

= 다섯길긴뜨기

◁ = 실을 단다

◀ = 실을 자른다

❋ 꽃 모티프 5장
옅은 민트그린색
(6/0호 코바늘)

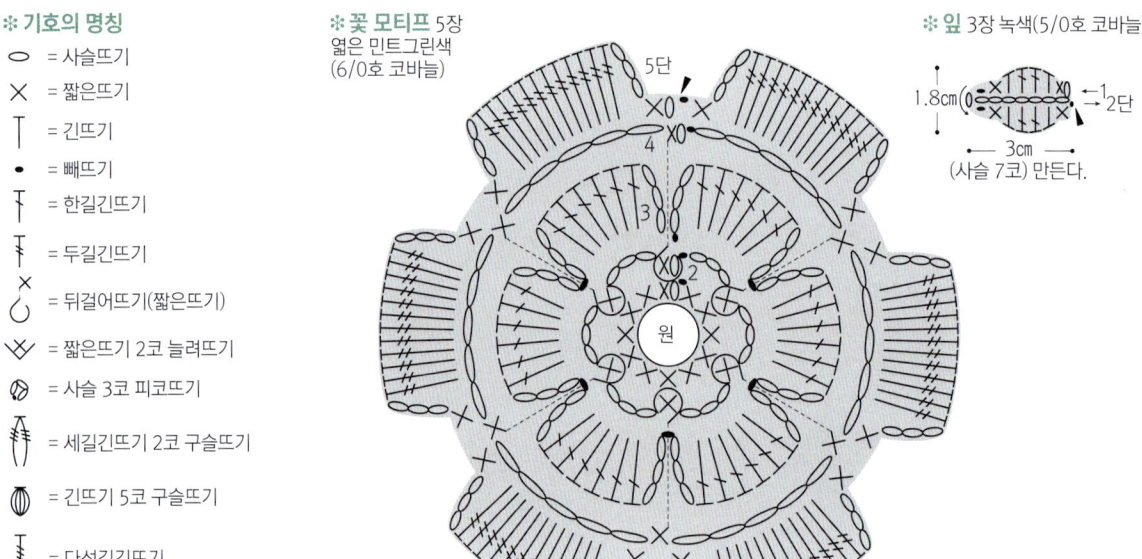

5단
4
3
2
원

6.5cm

❋ 잎 3장 녹색(5/0호 코바늘)

1.8cm
3cm
(사슬 7코) 만든다.
2단
1

❋ 작은 꽃 모티프(5/0호 코바늘)

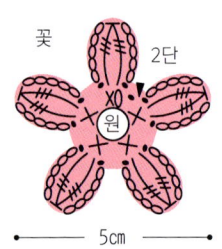

꽃
2단
원
5cm

꽃술

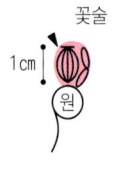

1cm
원

❋ 작은 꽃 모티프 배색

a 2장	
꽃	노란색
꽃술	핑크색

b 1장	
꽃	에크뤼색
꽃술	노란색

c 2장	
꽃	핑크색
꽃술	노란색

d 2장	
꽃	연한 라벤더색
꽃술	노란색

e 1장	
꽃	주황색
꽃술	파란색

f 2장	
꽃	연한 핑크색
꽃술	노란색

작은 꽃 모티프 d

작은 꽃 모티프 f

7코 9코 9코 9코 7코

7코

모티프 A ①

5~9단은
아래 도안 참고

②

5~9단은
아래 도안 참고

7코

φ

φ

작은 꽃 모티프

꽃 모티프

a

b

c

d

e

f

③

5~9단은
아래 도안 참고

④

5~9단은
아래 도안 참고

φ

φ

작은 꽃 모티프 a

작은 꽃 모티프 c

※ 5~9단 만드는 법

φ 로 이어진다.

9단

4 5

MINI BLANKET 미니 무릎담요 20-21p

재료

실 유자와야 먼셀 메리노 레인보우(병태사)[1타래 40g] 오프화이트색(143) 190g, 녹색 (59) 30g, 빨간색(10)·핑크색(124) 각 20g, 노란색(40)·물색(79)·연보라색(108)· 장미색(125) 각 15g

바늘 6/0호 코바늘

완성 치수 59.5×48cm

모티프 크기 11.5×11.5cm

만드는 법 POINT 실은 1가닥으로 뜬다.

1 모티프 만드는 자세한 방법은 184~187쪽을 참고한다. 2번째 장 모티프부터 마지막 단에서 연결하며 뜬다. 번호 순으로 20장을 연결한다.

2 테두리뜨기로 한 바퀴 뜬다.

※ 모티프 A~F

※ 기호의 명칭

◯ = 사슬뜨기
✕ = 짧은뜨기
• = 빼뜨기
┰ = 한길긴뜨기
⋔ = 한길긴뜨기 3코 구슬뜨기
◁ = 실을 단다
◀ = 실을 자른다

── 11.5cm ──

※ 2번째 장부터 8단의 지정 위치에서 연결하며 뜬다.

❋ 모티프 배치도와 테두리뜨기

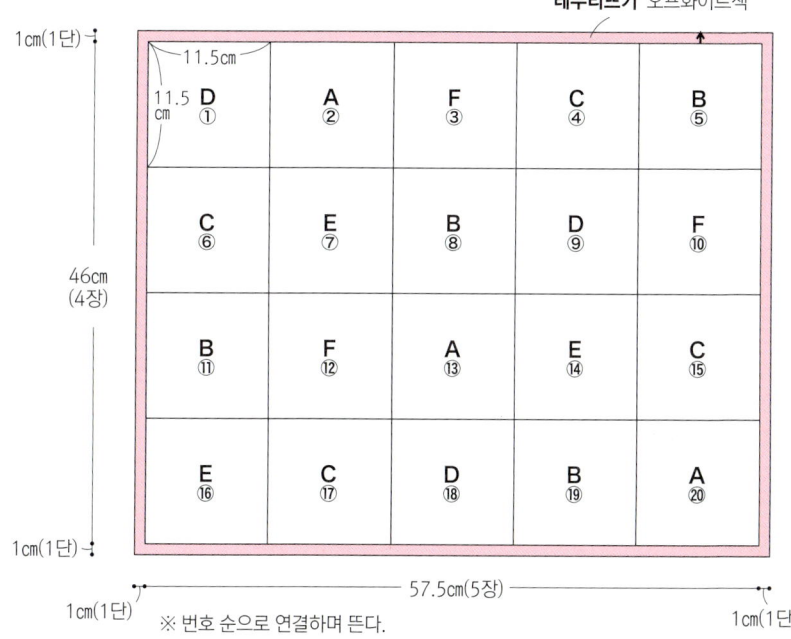

테두리뜨기 오프화이트색

1cm(1단)

11.5cm

11.5cm

D ①	A ②	F ③	C ④	B ⑤
C ⑥	E ⑦	B ⑧	D ⑨	F ⑩
B ⑪	F ⑫	A ⑬	E ⑭	C ⑮
E ⑯	C ⑰	D ⑱	B ⑲	A ⑳

46cm (4장)

1cm(1단)

1cm(1단)

57.5cm(5장)

1cm(1단)

※ 번호 순으로 연결하며 뜬다.

❋ 꽃 모티프 A~F 배색

A 노란색 꽃 3장	
7 · 8단	오프화이트색
6단	노란색
4 · 5단	오프화이트색
3단	녹색
1 · 2단	노란색

B 빨간색 꽃 4장	
7 · 8단	오프화이트색
6단	빨간색
4 · 5단	오프화이트색
3단	녹색
1 · 2단	빨간색

C 핑크색 꽃 4장	
7 · 8단	오프화이트색
6단	핑크색
4 · 5단	오프화이트색
3단	녹색
1 · 2단	핑크색

D 장미색 꽃 3장	
7 · 8단	오프화이트색
6단	장미색
4 · 5단	오프화이트색
3단	녹색
1 · 2단	장미색

E 파란색 꽃 3장	
7 · 8단	오프화이트색
6단	물색
4 · 5단	오프화이트색
3단	녹색
1 · 2단	물색

F 연보라색 꽃 3장	
7 · 8단	오프화이트색
6단	연보라색
4 · 5단	오프화이트색
3단	녹색
1 · 2단	연보라색

❋ 모티프 연결하는 방법과 테두리뜨기

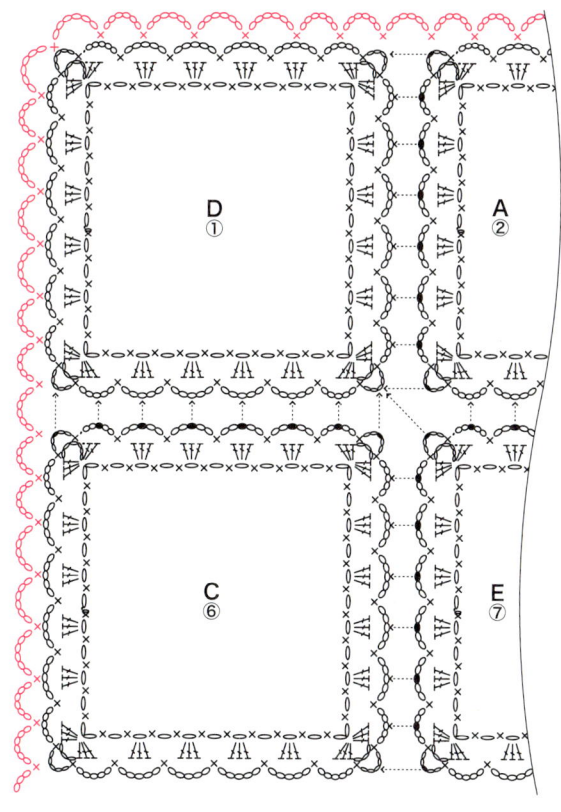

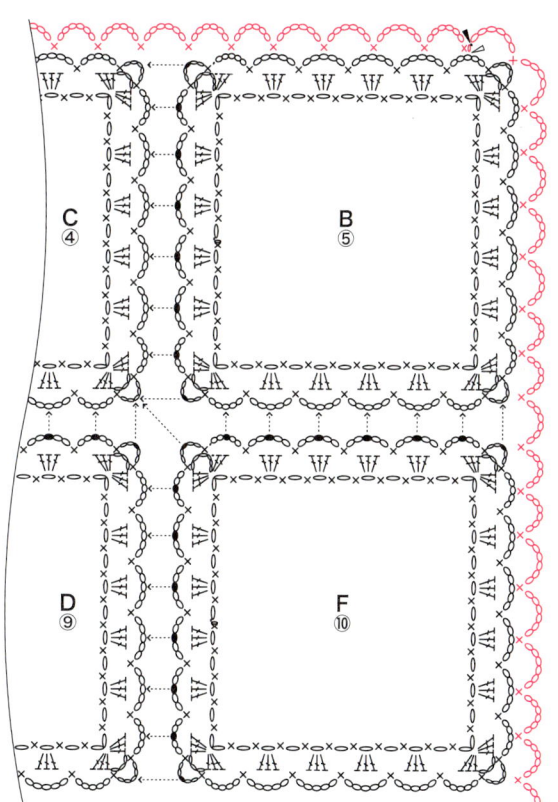

COLORFUL MOTIF BLANKET 컬러풀 블랭킷

재료

실 유자와야 먼셀 메리노 레인보우(병태사)[1타래 40g] 빨간색(10) 180g, 물색(79) 120g, 핑크색(124)・연한 핑크색(2) 각 100g, 오프화이트색(143)・녹색(59) 각 90g, 노란색(40) 80g, 연보라색(108)・잉크블루색(90) 각 40g

바늘 6/0호 코바늘

완성 치수 87.5×87.5㎝

모티프 크기 11.5×11.5㎝

만드는 법 **POINT** 실은 1가닥으로 뜬다.

1 모티프는 실 고리로 코를 만들어 뜨기 시작한다.

2 모티프 A~J를 지정 배색대로 지정 장수대로 뜬다.

3 모티프를 배치하고 가로 방향으로 감아서 잇기로 연결한다. 이때 연결하는 실은 모티프 마지막 단의 색깔 중 하나를 사용한다. 세로 방향도 동일하게 연결한다. 4장의 이음매는 구멍이 나지 않게 실을 당긴다.

4 테두리뜨기는 빨간색 실로 한 바퀴 뜬다.

※ 모티프 배치도와 테두리뜨기

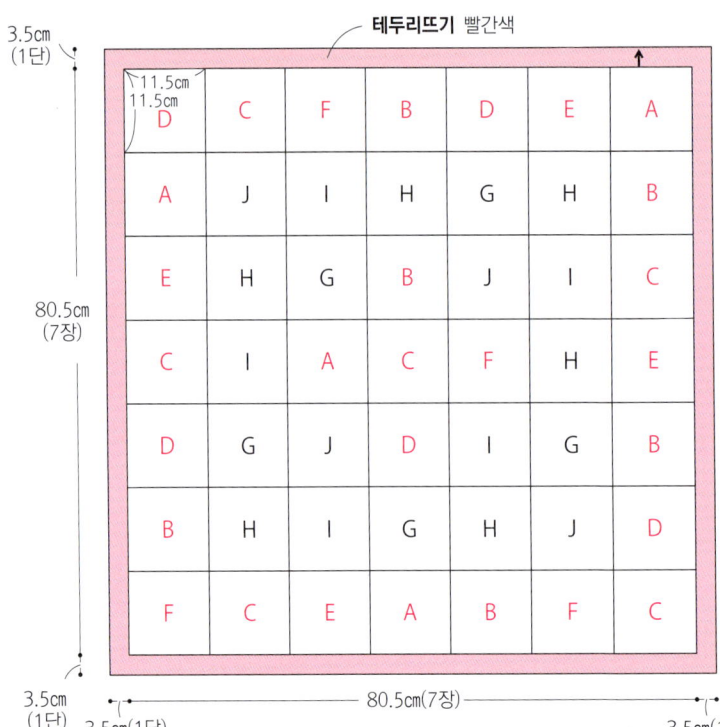

※ 꽃 모티프

A 4장
B 6장
C 6장
D 5장
E 4장
F 4장

※ 한길긴뜨기 모티프

G 5장
H 6장
I 5장
J 4장

11.5cm

10단의 ▮ 는 뒤쪽에서 2단 아래 한길긴뜨기를 주워 뜬다.

※ 꽃 모티프 배색

A 빨간색 꽃 4장	
11단	연한 핑크색
10단	빨간색
9단	연한 핑크색
8단	물색
7단	녹색
3~6단	빨간색
1·2단	노란색

B 핑크색 꽃 6장	
11단	물색
10단	빨간색
9단	물색
8단	노란색
7단	녹색
3~6단	핑크색
1·2단	노란색

C 물색 꽃 6장	
11단	빨간색
10단	오프화이트색
9단	빨간색
8단	핑크색
7단	녹색
3~6단	물색
1·2단	노란색

D 노란색 꽃 5장	
11단	핑크색
10단	오프화이트색
9단	핑크색
8단	물색
7단	녹색
3~6단	노란색
1·2단	빨간색

E 연보라색 꽃 4장	
11단	오프화이트색
10단	빨간색
9단	오프화이트색
8단	핑크색
7단	녹색
3~6단	연보라색
1·2단	노란색

F 파란색 꽃 4장	
11단	연한 핑크색
10단	빨간색
9단	연한 핑크색
8단	물색
7단	녹색
3~6단	잉크블루색
1·2단	노란색

※ 기호의 명칭

◯	= 사슬뜨기
✕	= 짧은뜨기
•	= 빼뜨기
┳	= 한길긴뜨기
╪	= 두길긴뜨기
⬭	= 한길긴뜨기 5코 구슬뜨기
◁	= 실을 단다
◀	= 실을 자른다

❊ 한길긴뜨기 모티프 G~J

← 11.5cm →

❊ 모티프 배색

G 5장	
7단	빨간색
6단	녹색
5단	오프화이트색
4단	핑크색
3단	빨간색
2단	노란색
1단	물색

H 6장	
7단	핑크색
6단	오프화이트색
5단	빨간색
4단	핑크색
3단	녹색
2단	물색
1단	노란색

I 5장	
7단	물색
6단	녹색
5단	오프화이트색
4단	물색
3단	핑크색
2단	빨간색
1단	노란색

J 4장	
7단	노란색
6단	오프화이트색
5단	물색
4단	노란색
3단	녹색
2단	핑크색
1단	빨간색

❊ 테두리뜨기 기호 도안

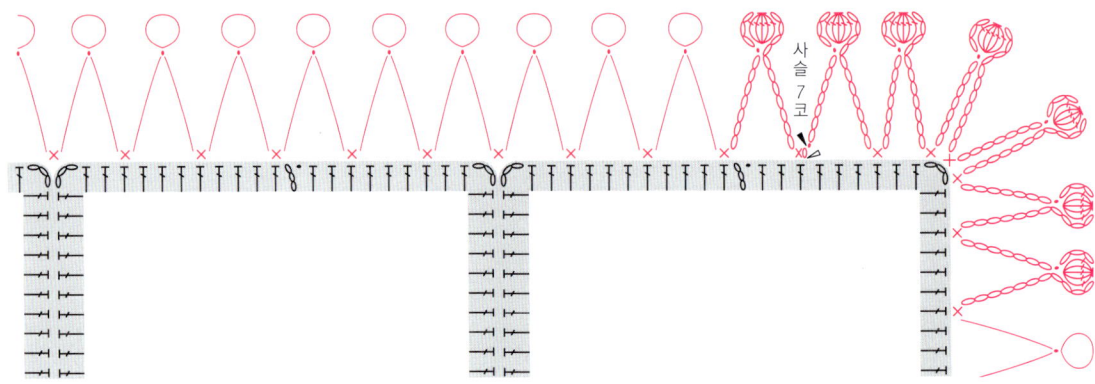

사슬 7 코

CROCHET BLANKET 크로셰 블랭킷 24-25p

재료

실 유자와야 먼셀 메리노 레인보우(병태사)[1타래 40g] 핑크색(124) 150g, 주홍색(10) · 노란색(46) · 물색(79) 각 100g, 담녹색(55) · 에크뤼색(143) 각 80g

바늘 6/0호, 5/0호 코바늘

완성 치수 93.5×81㎝

만드는 법 **POINT** 실은 1가닥으로 뜬다.

1 모티프 A와 B는 실 고리로 코를 만들어 뜨기 시작한다. 지정한 색으로 지정 장수를 뜬다 (자세한 방법은 188~190쪽 참고).

2 모티프를 배치하고 가로 방향으로 휘감쳐서 연결한다(190쪽 참고). 휘감치는 실은 모티프 마지막 단의 색깔 중 하나를 사용한다. 가로 방향으로 휘감친 뒤 세로 방향도 동일하게 휘감치고 모서리는 구멍이 나지 않게 실을 당긴다(190쪽 참고).

3 테두리뜨기는 핑크색 실로 한 바퀴 뜬다(190쪽 참고).

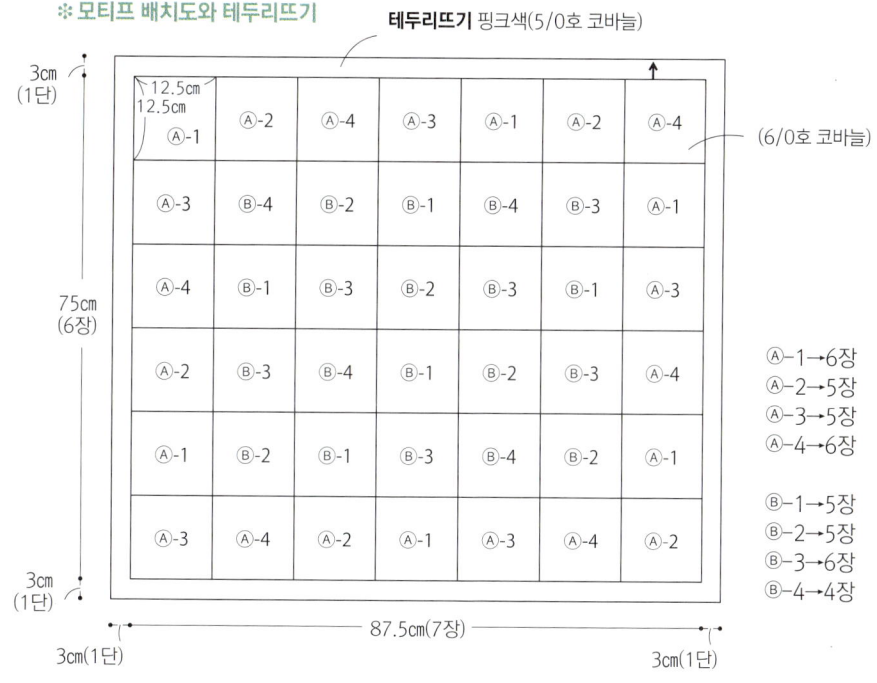

※ 모티프 배치도와 테두리뜨기

ⓐ–1→6장
ⓐ–2→5장
ⓐ–3→5장
ⓐ–4→6장

ⓑ–1→5장
ⓑ–2→5장
ⓑ–3→6장
ⓑ–4→4장

❋ 모티프 ⓐ

⊗ = 앞단 ⟙ 의 안면 다리를 줍는다.

⊗ = 앞단 ⟙ 의 안면 다리를 줍는다.

❋ 모티프 ⓐ 배색

ⓐ-1		ⓐ-2		ⓐ-3		ⓐ-4	
10·11단	주홍색	10·11단	핑크색	10·11단	물색	10·11단	노란색
9단	에크뤼색	9단	에크뤼색	9단	에크뤼색	9단	에크뤼색
8단	담녹색	8단	담녹색	8단	담녹색	8단	담녹색
3~7단	물색	3~7단	노란색	3~7단	핑크색	3~7단	주홍색
1·2단	노란색	1·2단	주홍색	1·2단	노란색	1·2단	노란색

❋ 기호의 명칭

⌒	= 사슬뜨기	⟙	= 한길긴뜨기	◁	= 실을 단다
✕	= 짧은뜨기	⬮	= 한길긴뜨기 3코 구슬뜨기	◀	= 실을 자른다
•	= 빼뜨기				
⊤	= 긴뜨기	⬮	= 두길긴뜨기 3코 구슬뜨기		

❊ 모티프 Ⓑ

❊ 모티프 Ⓑ 배색

Ⓑ-1		Ⓑ-2		Ⓑ-3		Ⓑ-4	
7단	주홍색	7단	핑크색	7단	물색	7단	노란색
6단	담녹색	6단	에크뤼색	6단	담녹색	6단	물색
5단	핑크색	5단	담녹색	5단	에크뤼색	5단	에크뤼색
4단	주홍색	4단	핑크색	4단	물색	4단	노란색
3단	에크뤼색	3단	주홍색	3단	핑크색	3단	담녹색
2단	물색	2단	노란색	2단	주홍색	2단	주홍색
1단	노란색	1단	물색	1단	담녹색	1단	핑크색

❊ 테두리뜨기(술 장식)

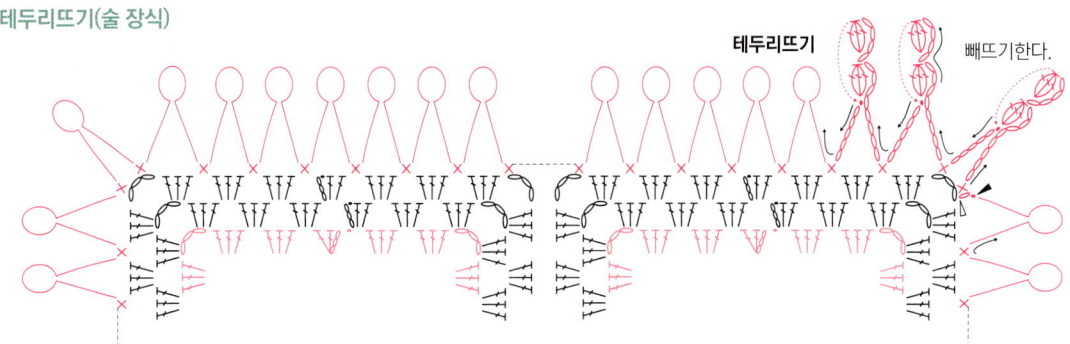

테두리뜨기

빼뜨기한다.

ROSE FLOWER DOILY 장미꽃 도일리

재료

실 본체 유자와야 먼셀 메리노 퀸(중세사)[1타래 40g] 흰색(1075) · 파란색(1038) 각 25g,
녹색(1030) 소량
모티프 앵커 아트 4238(타피스트리 울)[1타래 10m] 빨간색(8200) · 핑크색(8452) 각 1타래
바늘 2/0호, 4/0호 코바늘   **완성 치수** 지름 30㎝

만드는 법   POINT 실은 1가닥으로 뜬다.

1 도일리 본체는 실 고리로 코를 만들어 뜨기 시작한다. 흰색 실로14단을 뜨고 파란색 실로
테두리뜨기를 6단 뜬다. 다 뜬 다음 스팀다리미로 살짝 눌러서 모양을 정돈한다.

2 잎 테두리뜨기는 본체 14단 사슬뜨기의 지정 위치에서 주워 뜬다. 꽃봉오리를 떠서 잎
테두리뜨기에 단다.

3 미니 장미를 뜬 다음 도안과 같이 완성한다. 본체에 잎과 미니 장미를 단다.

❋ 완성 방법

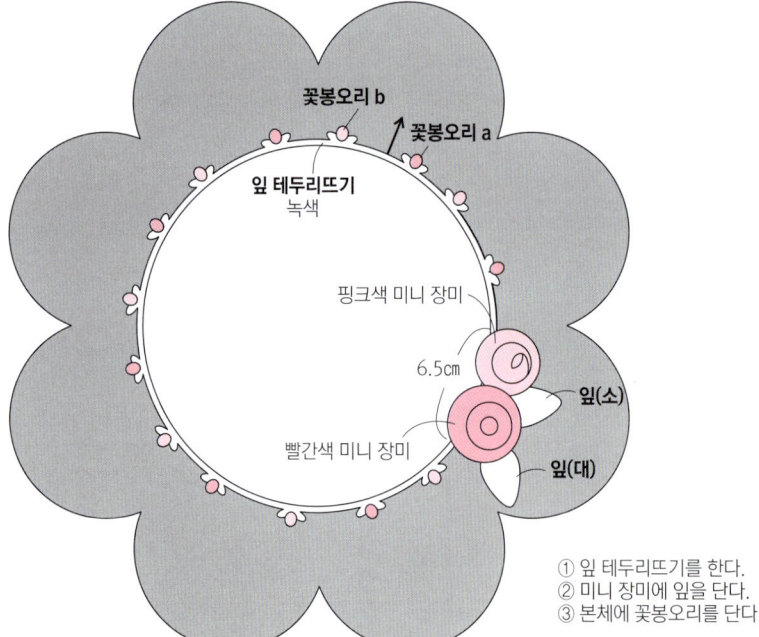

꽃봉오리 b

꽃봉오리 a

잎 테두리뜨기
녹색

핑크색 미니 장미

6.5㎝

잎(소)

빨간색 미니 장미

잎(대)

① 잎 테두리뜨기를 한다.
② 미니 장미에 잎을 단다.
③ 본체에 꽃봉오리를 단다.

❋ 기호의 명칭

⬯	= 사슬뜨기
✕	= 짧은뜨기
•	= 빼뜨기
⊤	= 긴뜨기
⊥	= 한길긴뜨기
	= 두길긴뜨기
V	= 한길긴뜨기 2코 늘려뜨기
V	= 두길긴뜨기 2코 늘려뜨기
⦚	= 두길긴뜨기 5코 늘려뜨기
⋏	= 한길긴뜨기 3코 모아뜨기
◈	= 사슬 3코 피코뜨기
◈	= 사슬 4코 피코뜨기
◈	= 사슬 8코 피코뜨기
◈	= 사슬 10코 피코뜨기
◁	= 실을 단다
◀	= 실을 자른다

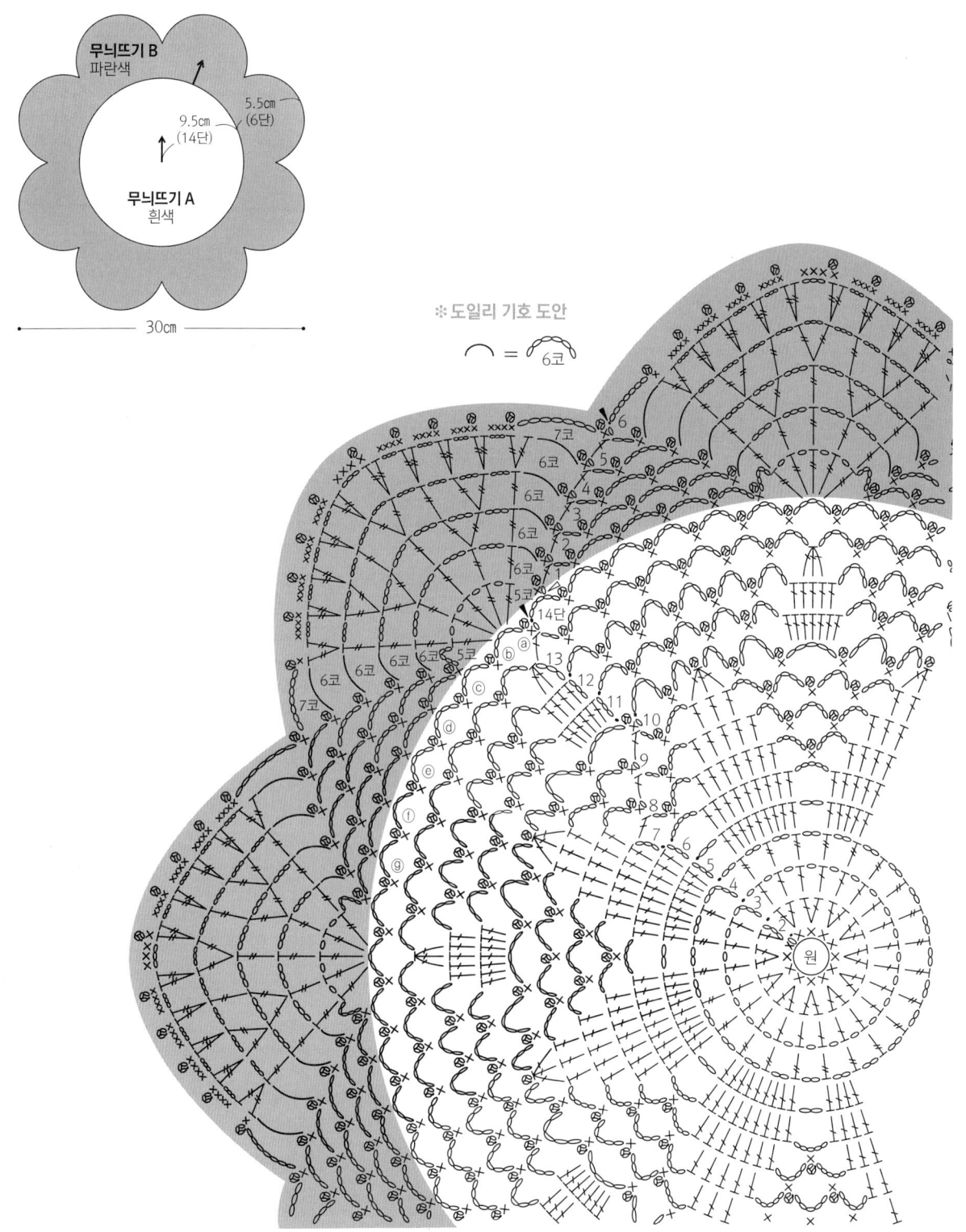

※ 도일리 (2/0호 코바늘)

무늬뜨기 B
파란색

5.5cm
(6단)

9.5cm
(14단)

무늬뜨기 A
흰색

30cm

※ 도일리 기호 도안

⌒ = 6코

7코
6코
6코
6코
6코
5코

6코　6코　6코　6코　5코

7코

6
5
4
3
2
1

14단

13
12
11
10
9
8
7
6
5
4
3
2
1
원

ⓐ
ⓑ
ⓒ
ⓓ
ⓔ
ⓕ
ⓖ

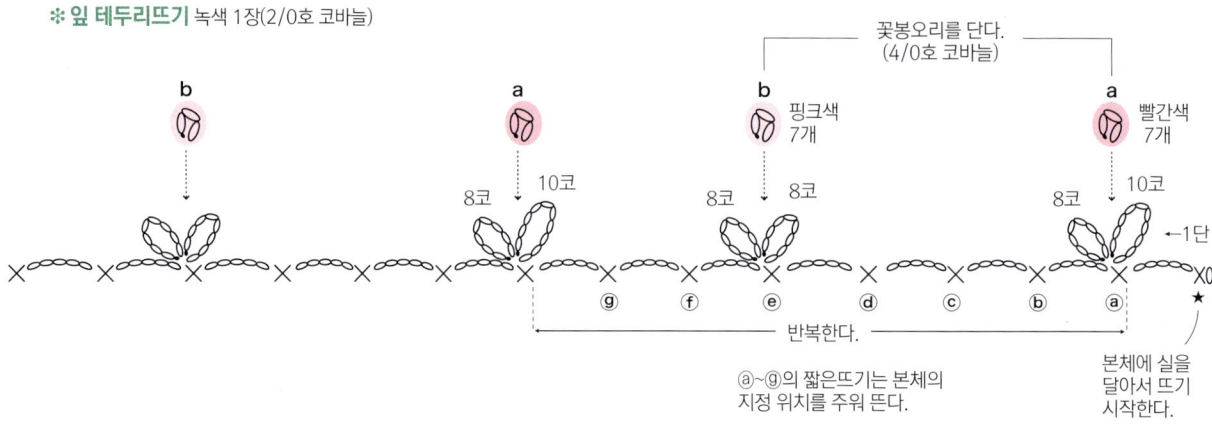

꽃봉오리를 단다.
(4/0호 코바늘)

b   a   b 핑크색 7개   a 빨간색 7개

8코 10코   8코 8코   8코 10코 ←1단

ⓖ ⓕ ⓔ ⓓ ⓒ ⓑ ⓐ ×0 ★

반복한다.

ⓐ~ⓖ의 짧은뜨기는 본체의 지정 위치를 주워 뜬다.

본체에 실을 달아서 뜨기 시작한다.

※ **미니 장미 완성 방법**

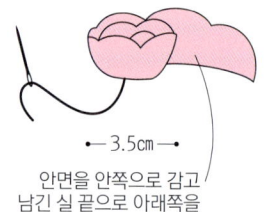

←3.5cm→

안면을 안쪽으로 감고 남긴 실 끝으로 아래쪽을 꿰매어 고정한다.

※ **미니 장미** 빨간색·핑크색 각 1장(4/0호 코바늘)

실 끝을 20cm 남긴다.

←1단

뜨기 시작

사슬 25코 만든다.

※ **잎(대)** 녹색 1장(2/0호 코바늘)

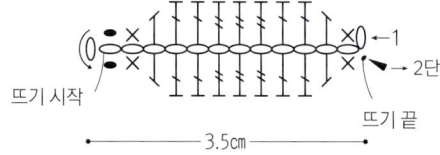

←1
뜨기 시작
2단
뜨기 끝
←3.5cm→

※ **잎(소)** 녹색 1장(2/0호 코바늘)

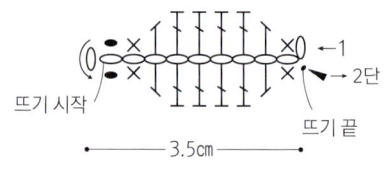

←1
뜨기 시작
2단
뜨기 끝
←3.5cm→

※ 잎의 뜨기 끝 쪽 실로 도일리에 단다.

FLOWER DOILY 꽃 도일리

재료

실 유자와야 먼셀 메리노 레인보우(병태사)[1타래 40g] 크림색(52) 30g, 민트그린색(73) 15g, 빨간색(11)·겨자색(47)·녹색(59)·핑크색(124) 각 소량

바늘 5/0호 코바늘   **완성 치수** 26.5×23cm

게이지(사방 10㎝) 테두리뜨기: 1무늬 2.2cm

만드는 법   **POINT** 실은 1가닥으로 뜬다.

1 도일리 본체는 실 고리로 코를 만들어 뜨기 시작한다. 2단 이후의 한길긴뜨기는 묶음으로 주워 뜬다.

2 테두리뜨기는 색을 바꾸어 뜬다. 1·2단의 사슬뜨기에서 주워 짧은뜨기나 한길긴뜨기를 할 때는 묶음으로 주워 뜬다.

3 꽃 모티프와 잎을 지정 배색대로 뜬다. 핑크색 꽃의 ⓑ는 ⓐ의 1단에서 줍는다(191쪽 참고). 모티프와 잎을 지정 위치에 단다.

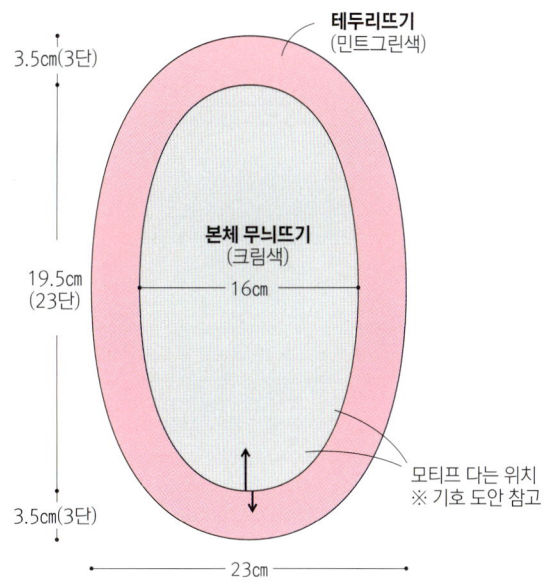

테두리뜨기
(민트그린색)

3.5cm(3단)

본체 무늬뜨기
(크림색)

16cm

19.5cm
(23단)

3.5cm(3단)

모티프 다는 위치
※ 기호 도안 참고

23cm

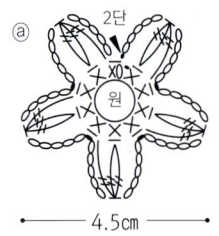

ⓐ

배색

ⓐ	2단	핑크색
	1단	겨자색
ⓑ	1단	핑크색

ⓐ 중앙의 1단 짧은뜨기에
ⓑ를 뜬다.

ⓑ

◀— 4.5cm —▶

1단

※ 기호의 명칭

⬭	= 사슬뜨기
✕	= 짧은뜨기
•	= 빼뜨기
⊤	= 긴뜨기
⊤	= 한길긴뜨기
⬭	= 한길긴뜨기 3코 구슬뜨기
⬭	= 두길긴뜨기 줄기뜨기 2코 구슬뜨기
⬭	= 사슬 5코 피코뜨기
◁	= 실을 단다
◀	= 실을 자른다

※ **꽃 모티프 B** 1장

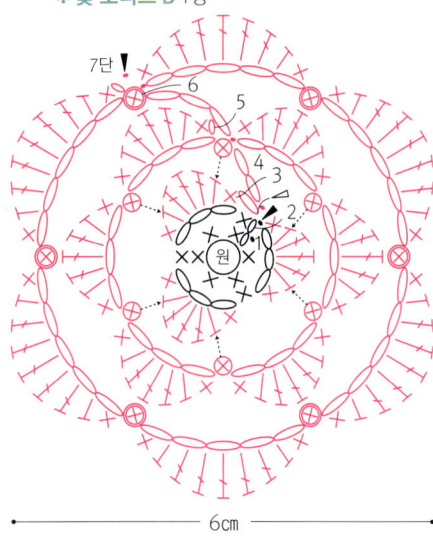

7단

6
5
4 3
원
2

배색

3 ~ 7단	빨간색
1 · 2단	겨자색

◀———— 6cm ————▶

⊗ = 앞단 ⊤ 의 안면 다리를 줍는다.
⊗ = 앞단 ⊤ 의 안면 다리를 줍는다.

※ **잎** 녹색 각 1장

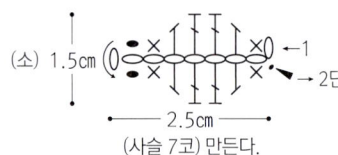

(소) 1.5cm
←1
→2단
◀—— 2.5cm ——▶
(사슬 7코) 만든다.

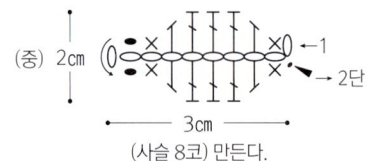

(중) 2cm
←1
→2단
◀——— 3cm ———▶
(사슬 8코) 만든다.

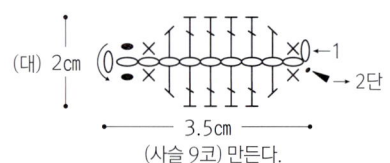

(대) 2cm
←1
→2단
◀———— 3.5cm ————▶
(사슬 9코) 만든다.

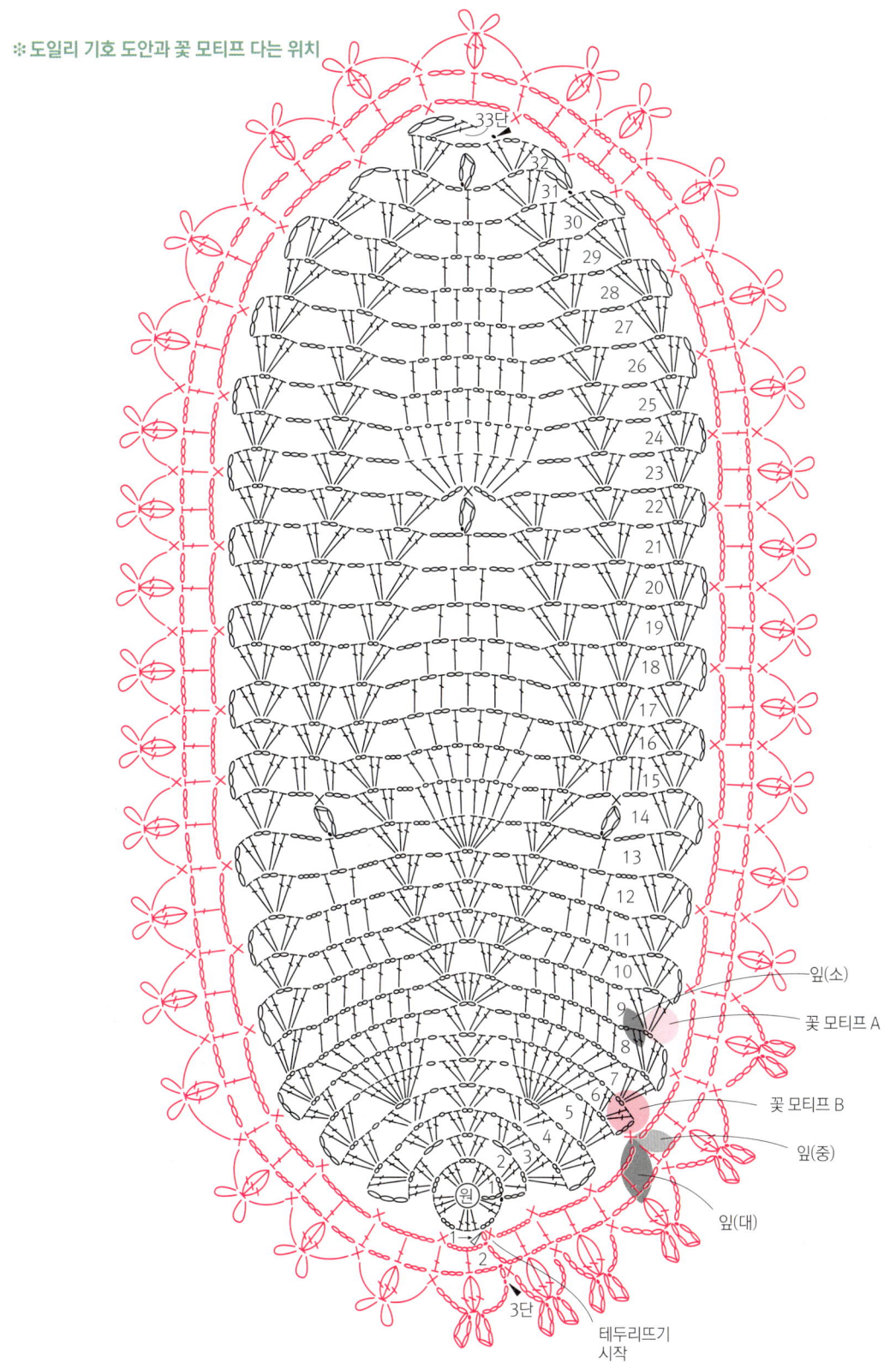

※ 도일리 기호 도안과 꽃 모티프 다는 위치

33단
32
31
30
29
28
27
26
25
24
23
22
21
20
19
18
17
16
15
14
13
12
11
10
9
8
7
6
5
4
3
원
2
1

잎(소)
꽃 모티프 A
꽃 모티프 B
잎(중)
잎(대)

1
2
3단
테두리뜨기
시작

109

EMBROIDERY COASTER 꽃 자수 코스터 28p

실 유자와야 먼셀 메리노 레인보우(병태사)[1타래 40g]
원형 겨자색: 에크뤼색(143)·겨자색(47) 각 5g
라벤더색: 에크뤼색(143)·연보라색(108) 각 5g
사각형 파란색: 에크뤼색(143)·파란색(89) 각 5g
핑크색: 에크뤼색(143)·핑크색(124) 각 5g
민트색: 에크뤼색(143)·민트그린색(73) 각 5g
자수 실 앵커 아트 4238(타피스리 울)[1타래 10m]
겨자색·파란: 짙은 빨간색(8202)·보랏빛 핑크색
(8456)·핑크색(8452)·노란빛 녹색(9118) 각 소량
라벤더·민트색: 짙은 빨간색(8202)·분홍색(8436)
·연한 핑크색(8432)·노란빛 녹색(9118) 각 소량
핑크색: 짙은 빨간색(8202)·보랏빛 핑크색(8456)·
연한 핑크색(8432)·노란빛 녹색(9118) 각 소량

바늘 5/0호 코바늘

완성 치수 원형: 지름 8.5㎝, 사각형: 8×8㎝

게이지(사방 10㎝) 한길긴뜨기: 25코·12단

만드는 법

POINT 실은 1가닥으로 뜬다.
뜨개바탕이 단단히 완성되도록
실을 당기는 힘에 주의한다.

원형 실 고리로 코를 만들어 뜨기
시작한다. 기둥코로 사슬 3코를 뜨
고 1단에 한길긴뜨기를 13코 뜬
다. 2단부터는 지정한 색으로 바
꾸어 도안과 같이 코를 늘려 5단
을 뜬 다음 수를 놓는다.

사각형 사슬뜨기로 20코를 만들
고 2단부터는 단마다 지정한 실을
달아서 한 방향으로 증감 없이 9단
을 뜬 다음 수를 놓는다.

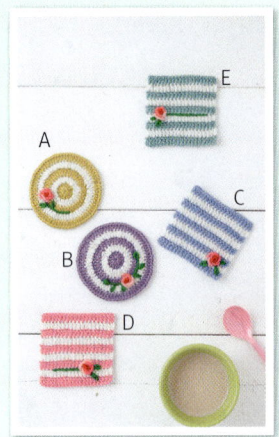

※ 꽃 자수 도안(실물 크기)

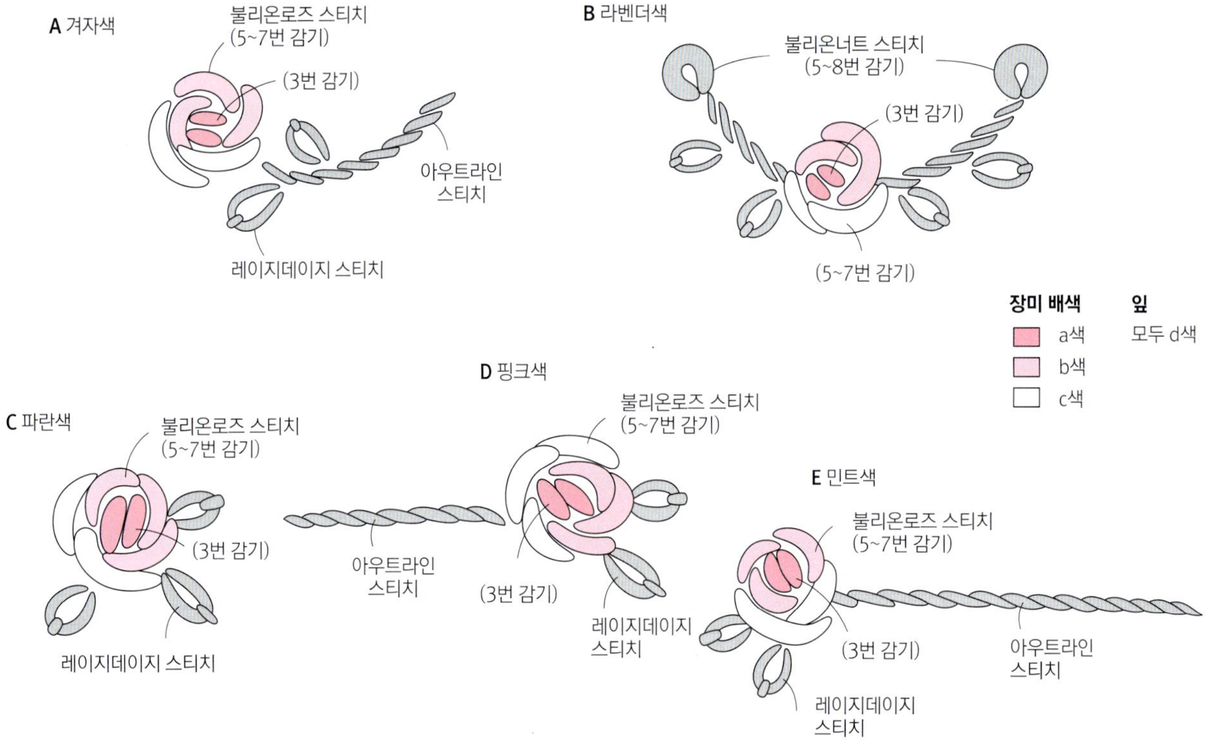

A 겨자색
불리온로즈 스티치
(5~7번 감기)
(3번 감기)
아우트라인
스티치
레이지데이지 스티치

B 라벤더색
불리온너트 스티치
(5~8번 감기)
(3번 감기)
(5~7번 감기)

장미 배색
- a색
- b색
- c색

잎
모두 d색

C 파란색
불리온로즈 스티치
(5~7번 감기)
(3번 감기)
레이지데이지 스티치

D 핑크색
불리온로즈 스티치
(5~7번 감기)
아우트라인
스티치
(3번 감기)
레이지데이지
스티치

E 민트색
불리온로즈 스티치
(5~7번 감기)
(3번 감기)
아우트라인
스티치
레이지데이지
스티치

※ 코스터 A · B(원형)

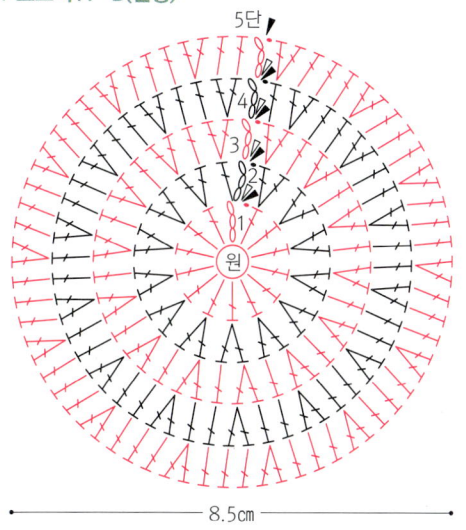

5단

4

3

원

8.5cm

※ A 배색

본체	2·4단	에크뤼색
	1·3·5단	겨자색
꽃 자수	a색	짙은 빨간색
	b색	보랏빛 핑크색
	c색	핑크색
	d색	노란빛 녹색

※ B 배색

본체	2·4단	에크뤼색
	1·3·5단	연보라색
꽃 자수	a색	짙은 빨간색
	b색	분홍색
	c색	연한 핑크색
	d색	노란빛 녹색

※ 코스터 C~E(사각형)

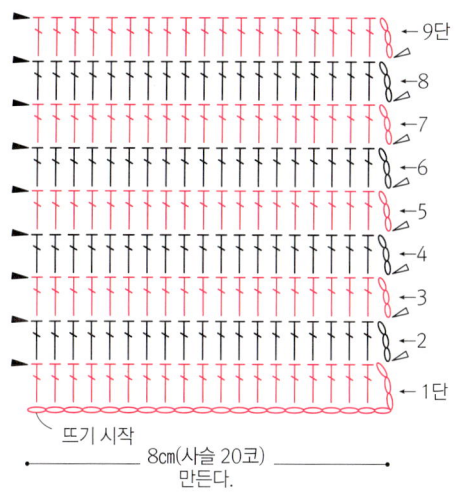

9단
8
7
6
5
4
3
2
1단

뜨기 시작

8cm(사슬 20코)
만든다.

※ C 배색

본체	2·4·6·8단	에크뤼색
	1·3·5·7·9단	파란색
꽃 자수	a색	짙은 빨간색
	b색	보랏빛 핑크색
	c색	핑크색
	d색	노란빛 녹색

※ D 배색

본체	2·4·6·8단	에크뤼색
	1·3·5·7·9단	핑크색
꽃 자수	a색	짙은 빨간색
	b색	보랏빛 핑크색
	c색	연한 핑크색
	d색	노란빛 녹색

※ E 배색

본체	2·4·6·8단	에크뤼색
	1·3·5·7·9단	민트그린색
꽃 자수	a색	짙은 빨간색
	b색	분홍색
	c색	연한 핑크색
	d색	노란빛 녹색

※ 기호의 명칭

- ⬭ = 사슬뜨기
- • = 빼뜨기
- ⊤ = 한길긴뜨기
- ⋁ = 한길긴뜨기 2코 늘려뜨기
- ◁ = 실을 단다
- ◀ = 실을 자른다

CUP HOLDER 컵 홀더

재료

실(3개 분량) 유자와야 먼셀 메리노 퀸(중세사)[1타래 40g] 오프화이트색(1074) 10g, 핑크색 (1057) · 파란색(1038) · 연한 민트그린색(1026) 각 소량
자수 실(3개 분량) 앵커 아트 4238(타피스리 울)[1타래 10m] 빨간색(8200) · 핑크색(8452) · 짙은 핑크색(8454) · 파란색(8804) · 짙은 파란색(8808) · 민트블루색(8912) · 연녹색(9116) · 노란빛 녹색(9118) · 노란색(8094) 각 1타래
기타 자수용 거즈 10×10㎝(1개 분량)   **바늘** 3/0호 코바늘
완성 치수 바깥 둘레 18㎝(바깥 둘레 21㎝ 컵 사용), 높이 7.7㎝
게이지(사방 10㎝) 한길긴뜨기: 33코 · 15.5단

만드는 법 **POINT** 실은 1가닥으로 뜬다.

1 사슬뜨기로 코를 만들어 뜨기 시작하고 첫코에 빼뜨기해 원형으로 뜬다. 1단의 한길긴뜨기는 사슬 반 코와 뒷산을 주워 뜬다. 지정 위치에서 코를 늘리고 지정 배색대로 뜬다. 테두리뜨기 a · b를 뜬다.
2 안면에 거즈를 대고 수를 놓는다.

※ 컵 홀더 기호 도안

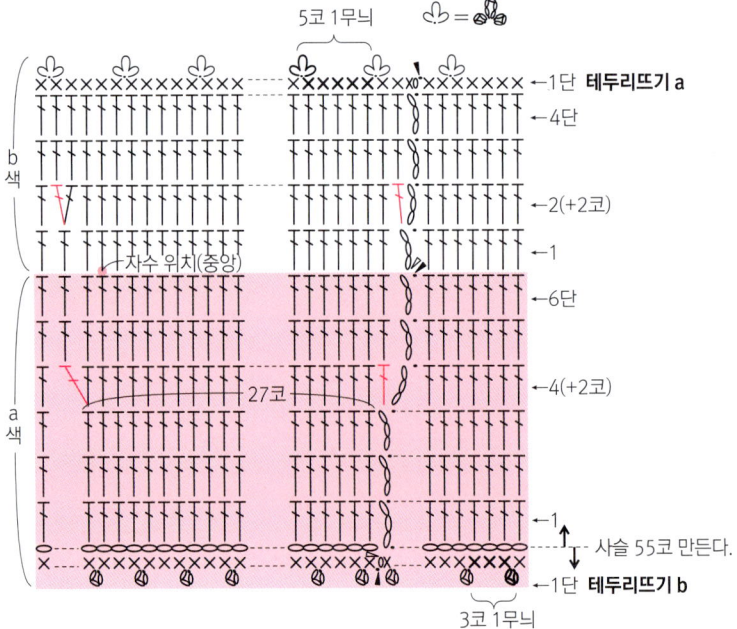

※ 기호의 명칭

○ = 사슬뜨기

✕ = 짧은뜨기

• = 빼뜨기

⊤ = 한길긴뜨기

Ⅴ = 한길긴뜨기 2코 늘려뜨기

⊘ = 사슬 3코 피코뜨기

⊘ = 사슬 5코 피코뜨기

◁ = 실을 단다

◀ = 실을 자른다

❋ 자수 도안(실물 크기)

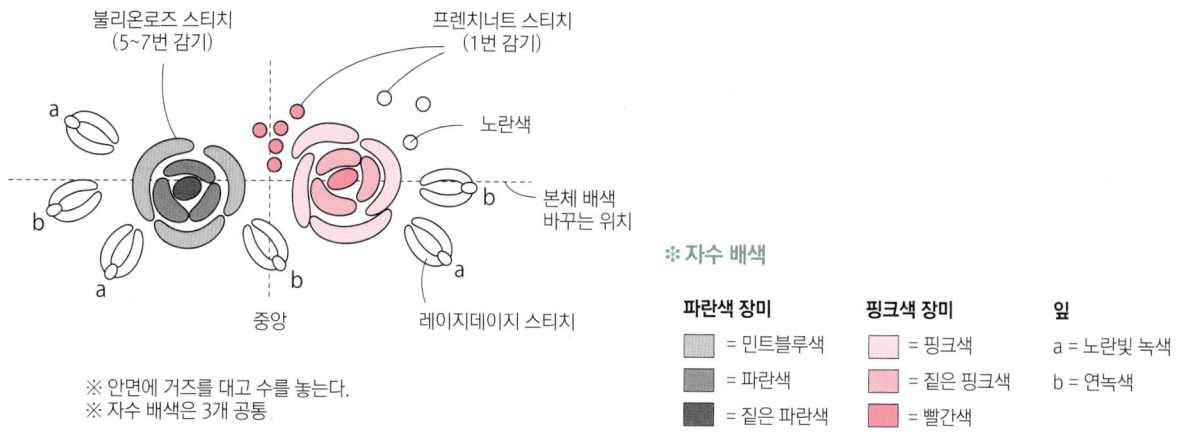

불리온로즈 스티치
(5~7번 감기)

프렌치너트 스티치
(1번 감기)

노란색

a

b

b

b

a

중앙

레이지데이지 스티치

본체 배색
바꾸는 위치

※ 안면에 거즈를 대고 수를 놓는다.
※ 자수 배색은 3개 공통.

❋ 자수 배색

파란색 장미		핑크색 장미		잎	
	= 민트블루색		= 핑크색	a = 노란빛 녹색	
	= 파란색		= 짙은 핑크색	b = 연녹색	
	= 짙은 파란색		= 빨간색		

❋ 본체

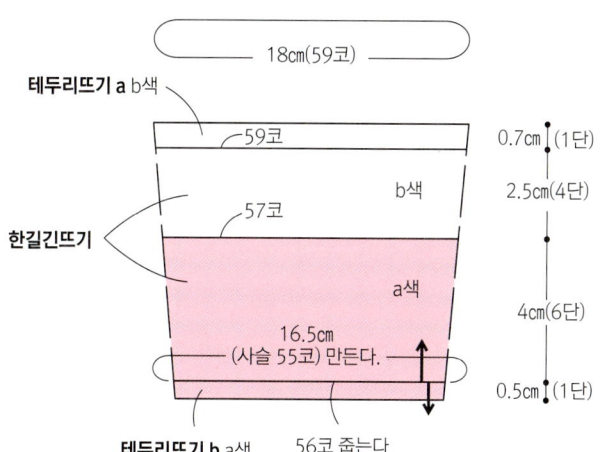

18cm(59코)

테두리뜨기 a b색

59코

b색

57코

한길긴뜨기

a색

16.5cm
(사슬 55코) 만든다.

테두리뜨기 b a색

56코 줍는다.

0.7cm (1단)

2.5cm(4단)

4cm(6단)

0.5cm (1단)

❋ 본체 배색

A 핑크색	
b색	오프화이트색
a색	핑크색

B 파란색	
b색	오프화이트색
a색	파란색

C 민트색	
b색	오프화이트색
a색	연한 민트그린색

BOTTLE COVER 유리병 커버 30-31p

재료

실(3개 분량) 유자와야 먼셀 메리노 퀸(중세사)[1타래 40g] 연한 핑크색(1003) · 빨간색(1005) · 연노란색(1017) · 노란색(1018) · 녹색(1030) · 파란색(1038) · 잉크블루색(1040) · 라벤더색(1050) · 핑크색(1057) · 오프화이트색(1074) 각 10g

비즈(3개 분량) 토호 비즈(5.5㎜) 파란색 · 핑크색 · 노란색 각 80개

바늘 4/0호 코바늘　　**완성 치수** 지름 18.5㎝

만드는 법　POINT 실은 1가닥으로 뜬다.

1 실 고리로 코를 만들어 뜨기 시작해 지정 배색대로 뜬다.

2 6단을 뜨기 전 실에 비즈 80개를 꿰어둔다. 10단의 지정 위치에서 사슬 3코를 뜨고 비즈 5개를 뜨개바탕 쪽으로 끌어당긴 다음 사슬 3코를 뜬다.

❋ 유리병 커버 기호 도안

비즈
A 파란색
B 핑크색
C 노란색

10단

10코　9

8

9코

7

8코

7코

6　5

4　8코

3

2

1X0

원

18.5㎝

❋ 배색

A 파란색(핑크색 꽃)	
6~10단	파란색
4 · 5단	녹색
3단	핑크색
2단	빨간색
1단	노란색

B 핑크색(파란색 꽃)	
6~10단	연한 핑크색
4 · 5단	녹색
3단	파란색
2단	잉크블루색
1단	노란색

C 노란색(라벤더색 꽃)	
6~10단	연노란색
4 · 5단	녹색
3단	라벤더색
2단	오프화이트색
1단	잉크블루색

❋ 기호의 명칭

- ⬭ = 사슬뜨기
- ✕ = 짧은뜨기
- ● = 빼뜨기
- = 한길긴뜨기 2코 구슬뜨기
- = 두길긴뜨기 3코 구슬뜨기
- = 사슬 3코 피코뜨기
- = 사슬 4코 피코뜨기
- ⊤ = 긴뜨기
- = 한길긴뜨기
- = 세길긴뜨기
- = 네길긴뜨기

BEADS BOTTLE COVER 비즈 장식 유리병 커버

재료 **비즈 달린 커버**

실 유자와야 먼셀 메리노 퀸(중세사)[1타래 40g] **A** 핑크색(1057) 10g **B** 라벤더색(1050) 10g

비즈 A 스와로브스키 다이아몬드형 8mm(핑크색) 8개 **B** 무광 원형 6mm(라벤더색) 40개

리본테이프 50cm(다른 끈이나 가는 리본도 사용 가능)　**바늘** 3/0호 코바늘

완성 치수 A 지름 16cm **B** 15.5cm(비즈 제외)

만드는 법　**POINT** 실은 1가닥으로 뜬다.

1 비즈는 미리 실에 꿰어둔다. 이때 실 끝에 셀로판테이프를 감고 끝을 뾰족하게 자르면 꿰기 쉽다.

2 실 고리로 코를 만들어 뜨기 시작한다. 지정 위치에서 비즈를 끌어당긴 뒤 빼뜨기를 한다.

재료 **천 커버** A=녹색, B=노란색, 지정한 것 외에는 A·B 공통

실 유자와야 먼셀 메리노 퀸(중세사)[1타래 40g] **A** 녹색(1027) 5g **B** 겨자색(1020) 5g

천 꽃무늬 15×15cm 1장　**리본테이프** 50cm　**바늘** 3/0호 코바늘　**완성 치수** 지름 18cm

게이지(사방 10cm) 1무늬: 폭 3cm · 세로 2.5cm

만드는 법　**POINT** 실은 1가닥으로 뜬다.

1 천은 지름 14.5cm 원형으로 자르고 가장자리를 휘감치기한다.

2 사슬뜨기로 코를 만들어 뜨기 시작하는데 원 크기보다 약간 길게 만든다. 1단을 뜨고 단의 마지막은 천에 맞춘 뒤 첫 사슬코에 빼뜨기한다. 짧은뜨기는 시작코에서 묶음으로 주워 뜬다(1단 짧은뜨기의 반대쪽은 사슬 반 코를 줍는다).

3 천에 테두리뜨기와 같은 색의 바느질실로 감쳐서 단다.

※ 비즈 달린 커버 A 핑크색

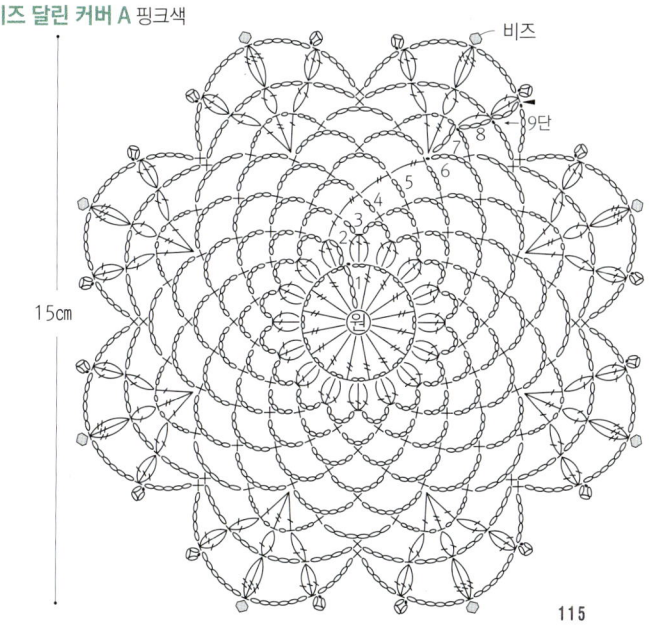

15cm

※ 비즈 달린 커버 B 라벤더색

※ 8단까지 A와 동일

비즈 3개

비즈 1개

9단

8

※ 기호의 명칭

⬭ = 사슬뜨기	⊤ = 두길긴뜨기
✕ = 짧은뜨기	⬭ = 한길긴뜨기 2코 구슬뜨기
• = 빼뜨기	⬭ = 한길긴뜨기 3코 구슬뜨기
⊤ = 한길긴뜨기	⬭ = 한길긴뜨기 3코 구슬뜨기
◁ = 실을 단다	⬭ = 한길긴뜨기 3코 구슬뜨기
◀ = 실을 자른다	⬭ = 두길긴뜨기 3코 구슬뜨기

EGG WARMER 달걀 워머 34-35p

재료

실 유자와야 먼셀 메리노 레인보우(병태사)[1타래 40g]
A 파란색 새먼핑크색(3) · 주홍색(10) · 노란색(46)
· 라이트그린색(58) · 짙은 민트그린색(74) · 하늘색
(101) · 핑크색(124) 각 소량
B 빨간색 새먼핑크색(3) · 주홍색(10) · 노란색(46) ·
녹색(59) · 하늘색(101) · 핑크색(124) · 회색(146)
각 소량
C 핑크색 주홍색(10) · 주황색(16) · 노란색(46) · 라이
트그린색(58) · 짙은 파란색(90) · 하늘색(101) · 핑크
색(124) 각 소량
D 노란색 주홍색(10) · 노란색(46) · 담녹색(55) · 녹색
(59) · 짙은 파란색(90) · 하늘색(101) · 핑크색(124)
각 소량

바늘 5/0호 코바늘   **완성 치수** 지름 6cm

만드는 법

POINT 실은 1가닥으로 뜬다.

1 실 고리로 코를 만들어 뜨기 시작
한다. 기둥코로 사슬 3코를 뜨고 1단
에 한길긴뜨기를 11코 뜬다. 2단부
터는 지정한 색으로 바꾸면서 도안
과 같이 코를 늘려 6단을 뜬다.

2 7단은 기둥코로 사슬 1코를 뜬 다
음 짧은뜨기를 1코 뜨고 2코 건너뛰
어 한길긴뜨기 7코 늘려뜨기를 반복
한다.

3 꽃 모티프를 떠 중앙에 단다.

※ 본체 기호 도안 (공통) 각 1장

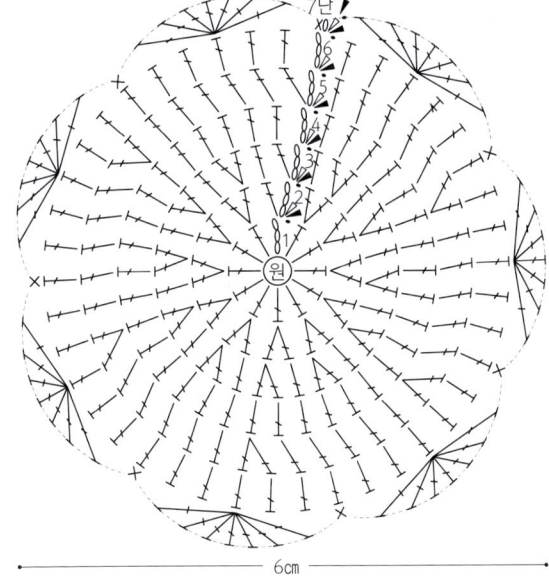

6cm

※ 꽃 모티프 (공통) 각 1장

2단

실 끝을
15cm 남겨서
본체 중앙에
단다.

3.5cm

※ 기호의 명칭

○ = 사슬뜨기
× = 짧은뜨기
• = 빼뜨기
◁ = 실을 단다
◀ = 실을 자른다

† = 한길긴뜨기
◇ = 한길긴뜨기 2코 구슬뜨기
V = 한길긴뜨기 2코 늘려뜨기

※ A 배색

	단	색
꽃	2단	하늘색
	1단	노란색
본체	7단	라이트그린색
	6단	핑크색
	5단	주홍색
	4단	하늘색
	3단	노란색
	2단	새먼핑크색
	1단	짙은 민트그린색

※ B 배색

	단	색
꽃	2단	주홍색
	1단	노란색
본체	7단	새먼핑크색
	6단	하늘색
	5단	노란색
	4단	주홍색
	3단	핑크색
	2단	녹색
	1단	회색

※ C 배색

	단	색
꽃	2단	핑크색
	1단	노란색
본체	7단	핑크색
	6단	노란색
	5단	짙은 파란색
	4단	주황색
	3단	라이트그린색
	2단	주홍색
	1단	하늘색

※ D 배색

	단	색
꽃	2단	노란색
	1단	주홍색
본체	7단	하늘색
	6단	주홍색
	5단	녹색
	4단	노란색
	3단	짙은 파란색
	2단	핑크색
	1단	담녹색

TEA POT WARMER 티 포트 워머

재료 A=라벤더색, B=핑크색

실 유자와야 먼셀 메리노 레인보우 (병태사)[1타래 40g] 빨간색(11) 40g, 말차색(56) 10g, 겨자색(47) · 연보라색(108) · 보라색(114) · 핑크색(124) 각 소량

바늘 5호(3.6mm) 대바늘 4개, 5/0호 코바늘

완성 치수 도안 참고

게이지(사방 10cm) 무늬뜨기: 30코 · 38단

만드는 법 **POINT** 실은 1가닥으로 뜬다.

1 일반적인 방법으로 90코를 만들고 대바늘 3개에 코를 나누어 원형으로 뜬다. 무늬뜨기를 4단 뜬 다음 45코씩 나누어 각각 왕복뜨기로 34단을 뜬다. 다시 원형으로 12단 뜨고 13단에서 도안과 같이 끈 끼우는 구멍을 만든다. 이어서 마지막까지 뜨고 덮어씌워 코막음을 한 뒤 코바늘로 짧은뜨기와 피코뜨기를 한다.

2 끈을 뜨고 끈 끼우는 구멍에 넣은 뒤 포트에 맞춰서 묶는다.

3 꽃 모티프와 가지를 떠 끈 매듭에 단다.

※ 본체 도안

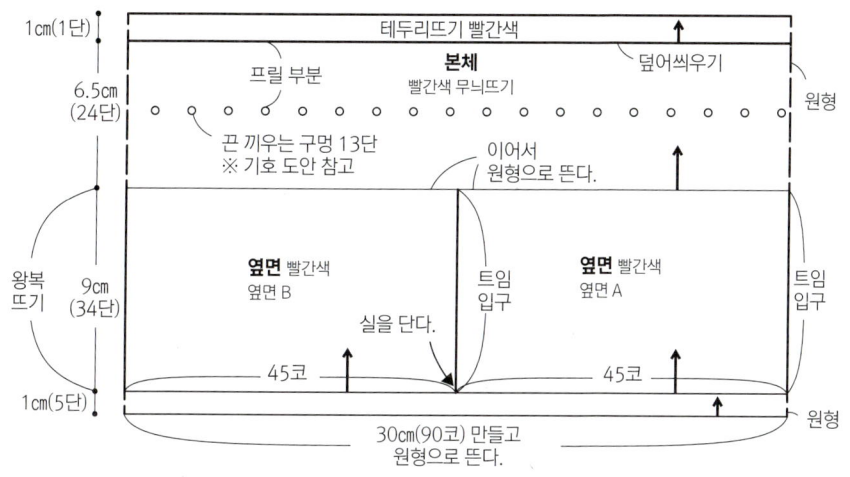

※ 모티프 배색

꽃 A	
꽃	연보라색
중앙	보라색

꽃 B	
꽃	핑크색
중앙	겨자색

※ 꽃 A 1장

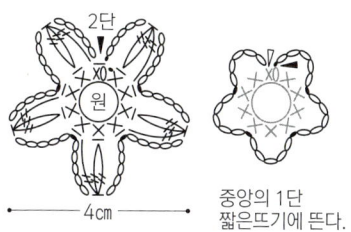

중앙의 1단 짧은뜨기에 뜬다.

※ 꽃 B 1장

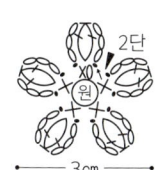

꽃 B의 중앙

실 끝을 15cm 남겨서 꽃 중앙에 단다.

❊ 포트 워머 도안

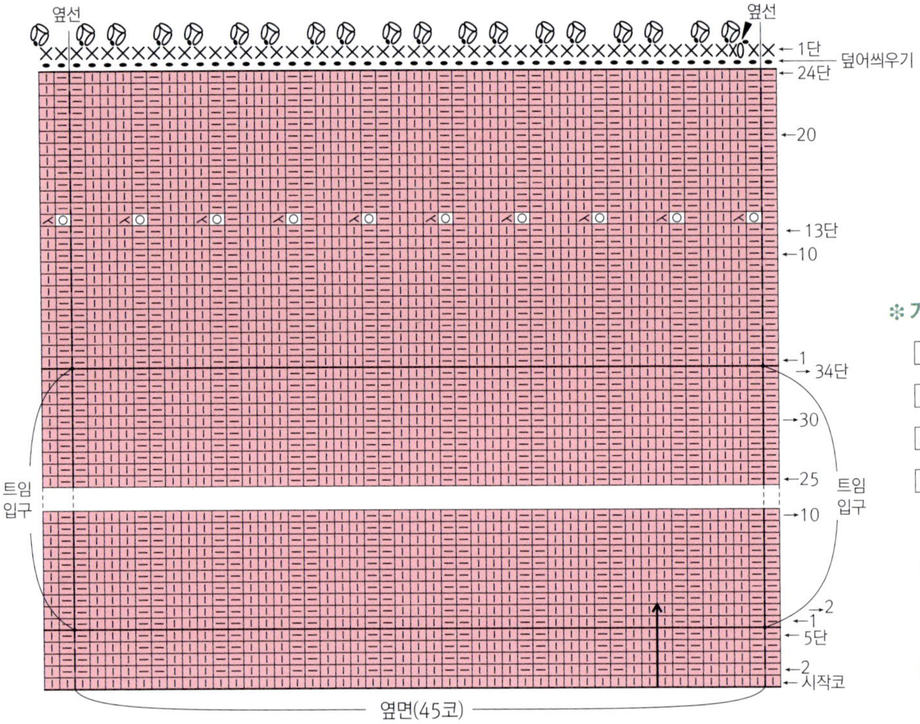

옆선 옆선
← 1단 덮어씌우기
← 24단
← 20
← 13단
← 10

← 1 34단
← 30
← 25
← 10

트임 입구 트임 입구

← 2 5단
← 2 시작코

옆면(45코)

❊ 기호의 명칭

기호	명칭
Ⅰ	= 겉뜨기
―	= 안뜨기
⅄	= 왼코 겹쳐 2코 모아뜨기
◯	= 걸기코(끈 끼우는 구멍)
•	= 덮어씌우기
◍	= 사슬 3코 피코뜨기
⬮	= 두길긴뜨기 줄기뜨기 2코 구슬뜨기 (앞단의 뒤쪽 반 코 줍기)
⬭	= 긴뜨기 5코 구슬뜨기

❊ 끈 1개 말차색

사슬 50코

❊ 가지 A 2개 말차색

사슬 8코

❊ 가지 B 1개 말차색

사슬 11코

방향을 바꾸어
(꼬아서) 뜬다.

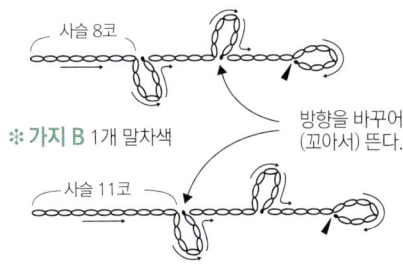

❊ 완성 방법

① 끈

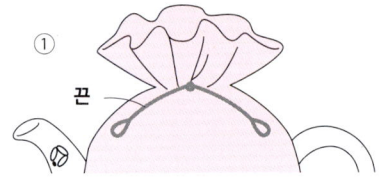

끈 끼우는 구멍에
끈을 넣고
포트 꼭대기에
맞춰서 묶는다.

② 꽃 A 꽃 B
끈
약 15cm
가지 A 가지 A
가지 B

①의 매듭에
가지와 꽃을 단다.

POT HOLDER 포트 홀더 (38p)

재료 A=핑크색, B=라벤더색

실 유자와야 먼셀 메리노 레인보우(병태사)[1타래 40g]
A 에크뤼색(143) 20g, 녹색(59) 10g, 주홍색(10) 5g, 연한 핑크색(2) 3g, 노란색(46)·핑크색(124) 각 소량
B 에크뤼색(143) 20g, 담녹색(55) 10g, 라벤더색(113) 5g, 연한 라벤더색(112) 3g, 노란색(46)·보라색(114) 각 소량
바늘 5/0호 코바늘   **완성 치수** 도안 참고

만드는 법 **POINT** 실은 1가닥으로 뜬다.

1 앞·뒤는 실 고리로 코를 만들어 뜨기 시작한다. 앞은 지정 단에서 색을 바꾸며 5단을 뜬다. 뒤는 도안과 같이 코를 늘리며 8단을 뜬다.

2 앞·뒤를 안쪽끼리 맞대고 테두리뜨기를 한다. 190~191쪽을 참고해 꽃 모티프를 뜨고 앞 중앙에 단다.

※ **꽃 모티프** 1장

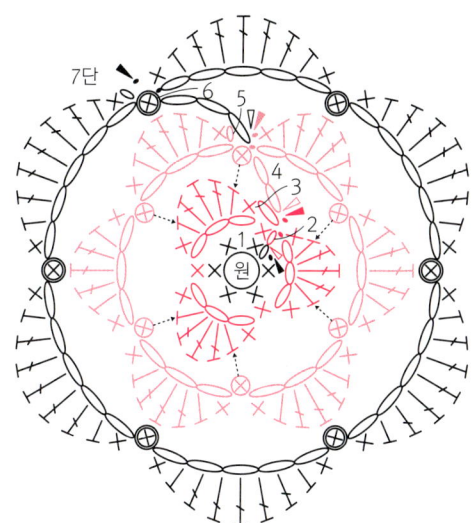

⊗ = 앞단 ┬ 의 안면 다리를 줍는다.

⊗ = 앞단 ┰ 의 안면 다리를 줍는다.

※ **앞** 1장

사슬 15코

테두리뜨기 1단

5단

← 14.5cm →

※ **뒤** 1장

8단

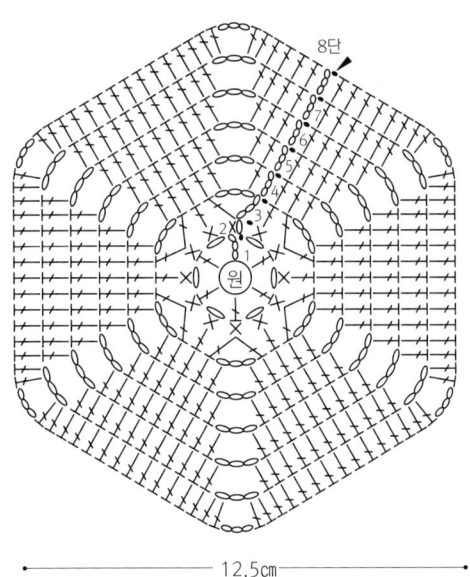

← 12.5cm →

※ **모티프 배색**

A 핑크색		
꽃 모티프	6 · 7단	연한 핑크색
	4 · 5단	핑크색
	2 · 3단	주홍색
	1단	노란색
앞	테두리뜨기	주홍색
	4 · 5단	에크뤼색
	1~3단	녹색
뒤	1~8단	에크뤼색

B 라벤더색		
꽃 모티프	6 · 7단	연한 라벤더색
	4 · 5단	라벤더색
	2 · 3단	보라색
	1단	노란색
앞	테두리뜨기	라벤더색
	4 · 5단	에크뤼색
	1~3단	담녹색
뒤	1~8단	에크뤼색

※ **기호의 명칭**

⬭ = 사슬뜨기

✕ = 짧은뜨기

• = 빼뜨기

⊤ = 긴뜨기

⊤(한길) = 한길긴뜨기

V = 한길긴뜨기 2코 늘려뜨기

⬭(구슬) = 한길긴뜨기 3코 구슬뜨기

⬭(피코) = 사슬 3코 피코뜨기

◁ = 실을 단다

◀ = 실을 자른다

ROOM SHOES 룸 슈즈

재료

실 본체·잎 유자와야 먼셀 메리노 레인보우(병태사)[1타래 40g] 연보라색(108) 100g, 녹색(59) 10g

꽃 모티프 앵커 아트 4238(타피스리 울)[1타래 10m] 빨간색(8200)·짙은 핑크색(8454) 각 2타래, 핑크색(8452) 1타래, 짙은 노란색(8118) 소량

바닥 룸 슈즈용 펠트 바닥(하마나카) 23cm 1쌍

바늘 6/0호, 4/0호 코바늘   **완성 치수** 바닥 길이 23cm   **꽃 모티프 크기** 지름 6cm

만드는 법 **POINT** 본체는 연보라색 3가닥으로 6/0호 코바늘을 사용해 뜨고, 테두리뜨기와 꽃 모티프는 1가닥으로 4/0호 코바늘로 뜬다.

1 펠트 바닥의 구멍에 바닥 쪽에서 코바늘을 넣어 짧은뜨기를 한다. 이어서 무늬뜨기로 뜨고 실을 자른다. 7단은 지정 위치에 실을 달아 뜬 다음 배색실로 바꾸어 테두리뜨기를 한다.

2 꽃 모티프를 뜨고 지정 위치에 단다. 좌우 동일하게 뜬다.

❖ **꽃 모티프** 2장(4/0호 코바늘)

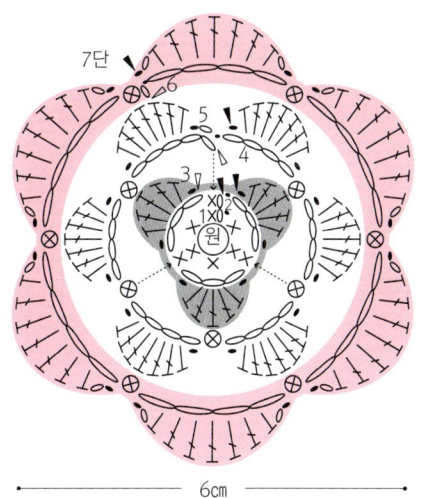

7단

6cm

❖ **잎** 녹색 각 2장(4/0호 코바늘)

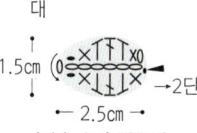

소

1cm

→2단

← 2cm

(사슬 4코) 만든다.

대

1.5cm

→2단

← 2.5cm

(사슬 6코) 만든다.

❖ **테두리뜨기** 녹색(4/0호 코바늘)

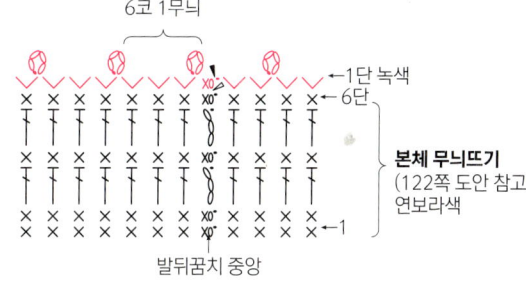

6코 1무늬

1단 녹색

6단

1

본체 무늬뜨기
(122쪽 도안 참고)
연보라색

발뒤꿈치 중앙

❖ **꽃 모티프 배색**

6·7단	빨간색
4·5단	짙은 핑크색
3단	핑크색
1·2단	짙은 노란색

⊗ = 앞단 ⊺의 안면 다리를 줍는다.

❖ **완성 방법**

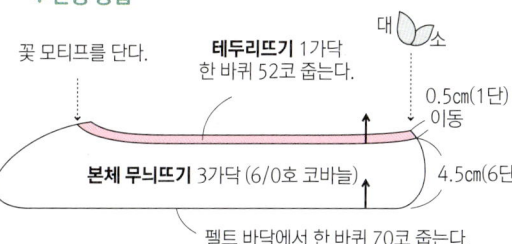

꽃 모티프를 단다.

테두리뜨기 1가닥
한 바퀴 52코 줍는다.

잎을 단다.
대 소

0.5cm(1단)
이동

4.5cm(6단)

본체 무늬뜨기 3가닥 (6/0호 코바늘)

펠트 바닥에서 한 바퀴 70코 줍는다.

※ 본체 무늬뜨기 기호 도안

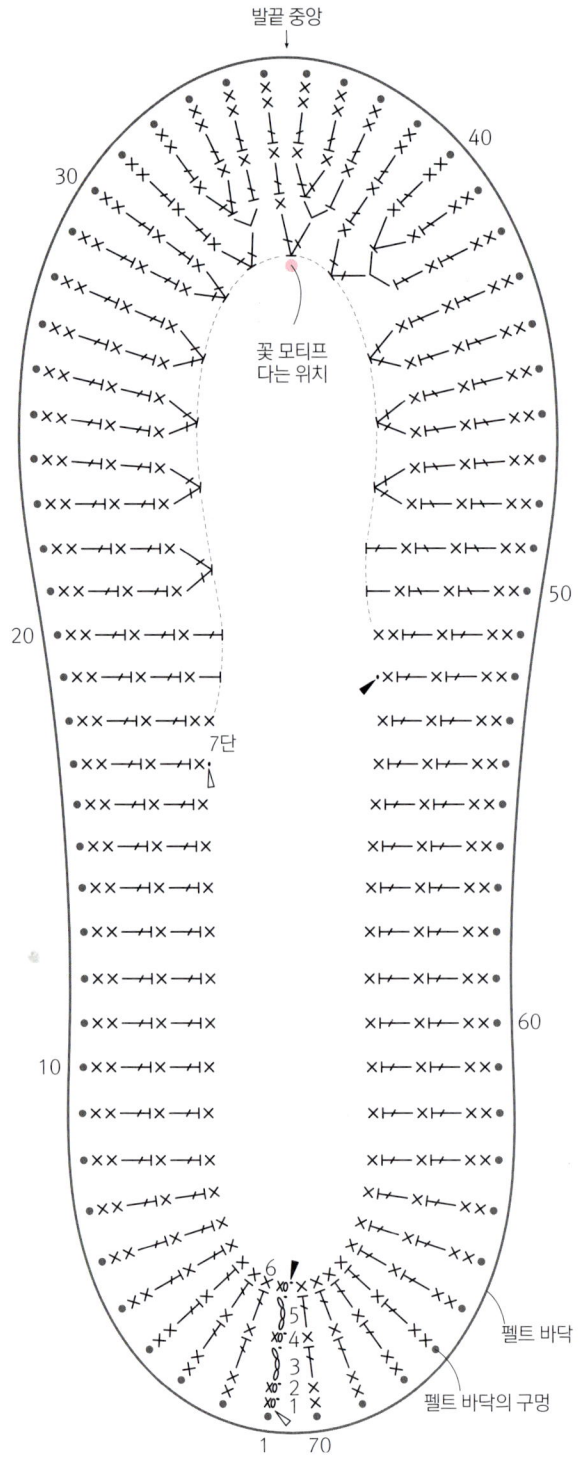

발끝 중앙

40

30

꽃 모티프
다는 위치

50

20

7단

60

10

6
5
4
3
2
1

펠트 바닥

펠트 바닥의 구멍

1 70

※ 1단의 ×는 펠트 구멍에서 줍는다.

※ 기호의 명칭

○ = 사슬뜨기

✕ = 짧은뜨기

● = 빼뜨기

┬ = 긴뜨기

† = 한길긴뜨기

∧ ⋀ = 짧은뜨기 2코 모아뜨기

∨ ⋁ = 짧은뜨기 2코 늘려뜨기

⋀ = 한길긴뜨기 2코 모아뜨기

◈ = 사슬 4코 피코뜨기

◁ = 실을 단다

◀ = 실을 자른다

122

HANGER COVER 옷걸이 커버 40-41p

재료 A=에크뤼색, B=녹색

실 유자와야 먼셀 메리노 레인보우(병태사)[1타래 40g]
A 에크뤼색(143) 80g
B 엷은 민트그린색(67) 55g, 민트그린색(73) 25g
자수 실 앵커 아트 4238(타피스리 울)[1타래 10m]
A 노란색(8096) · 핑크색(8452) · 보랏빛 핑크색(8456)
· 장미색(8458) · 연한 라벤더색(8586) · 라벤더색(8590)
· 민트그린색(8936) 각 소량
B 노란색(8096) · 주홍색(8216) · 핑크색(8452) · 보
랏빛 핑크색(8456) · 짙은 라벤더색(8588) · 파란색
(8806) · 노란빛 녹색(9118) 각 소량

옷걸이 폭 35.5cm, 높이 10cm, 두께 1cm(고리 부분 제외)

바늘 5/0호 코바늘   **완성 치수** 폭 38cm, 높이 16cm

게이지(사방 10cm) 무늬뜨기: 24코 · 15단

만드는 법

POINT 실은 1가닥으로 뜬다.

1 사슬뜨기로 91코를 만들고 무
늬뜨기를 한다. 이때 B는 무늬뜨
기 3단까지, 테두리뜨기 a는 민트
그린색, 그 외에는 엷은 민트그린
색으로 뜬다. 9단까지 증감 없이
뜨고 다음 단부터 코를 줄이면서
뜬다. 같은 모양으로 2장 뜬다.

2 2장을 겉끼리 맞대어 빼뜨기 꿰
매기로 연결한다. 테두리뜨기 a, b
를 원형으로 뜬다.

3 앞면에 수를 놓는다.

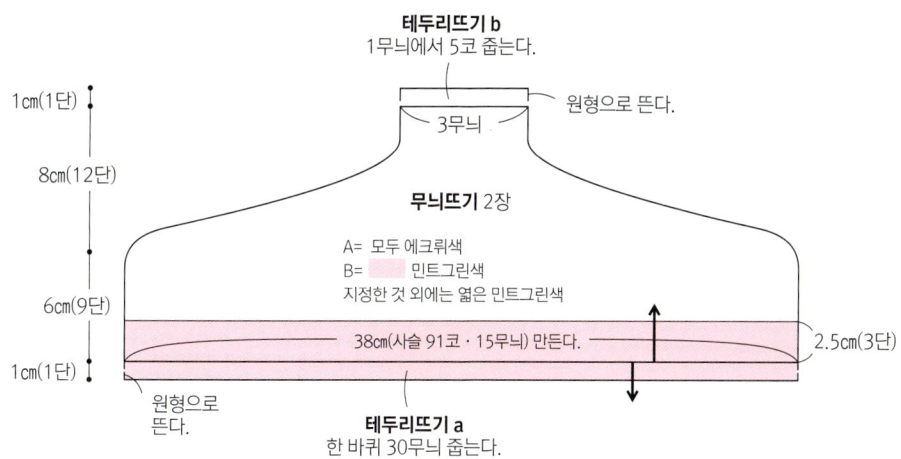

테두리뜨기 b
1무늬에서 5코 줍는다.

원형으로 뜬다.

3무늬

1cm(1단)

8cm(12단)

무늬뜨기 2장

A= 모두 에크뤼색
B= 민트그린색
지정한 것 외에는 엷은 민트그린색

6cm(9단)

38cm(사슬 91코 · 15무늬) 만든다.

2.5cm(3단)

1cm(1단)

원형으로
뜬다.

테두리뜨기 a
한 바퀴 30무늬 줍는다.

※ 기호의 명칭

◯ = 사슬뜨기

✕ = 짧은뜨기

• = 빼뜨기

† = 한길긴뜨기

= 한길긴뜨기 5코 늘려뜨기

= 한길긴뜨기 7코 늘려뜨기

= 사슬 3코 피코뜨기

= 실을 단다

= 실을 자른다

※ 빼뜨기 꿰매기

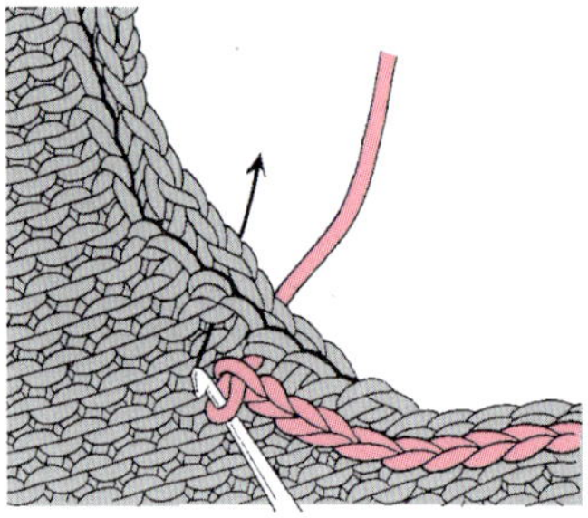

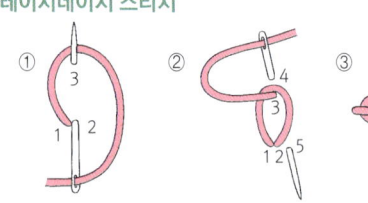

※ 코바늘뜨기도 같은 요령

※ 옷걸이 커버 도안

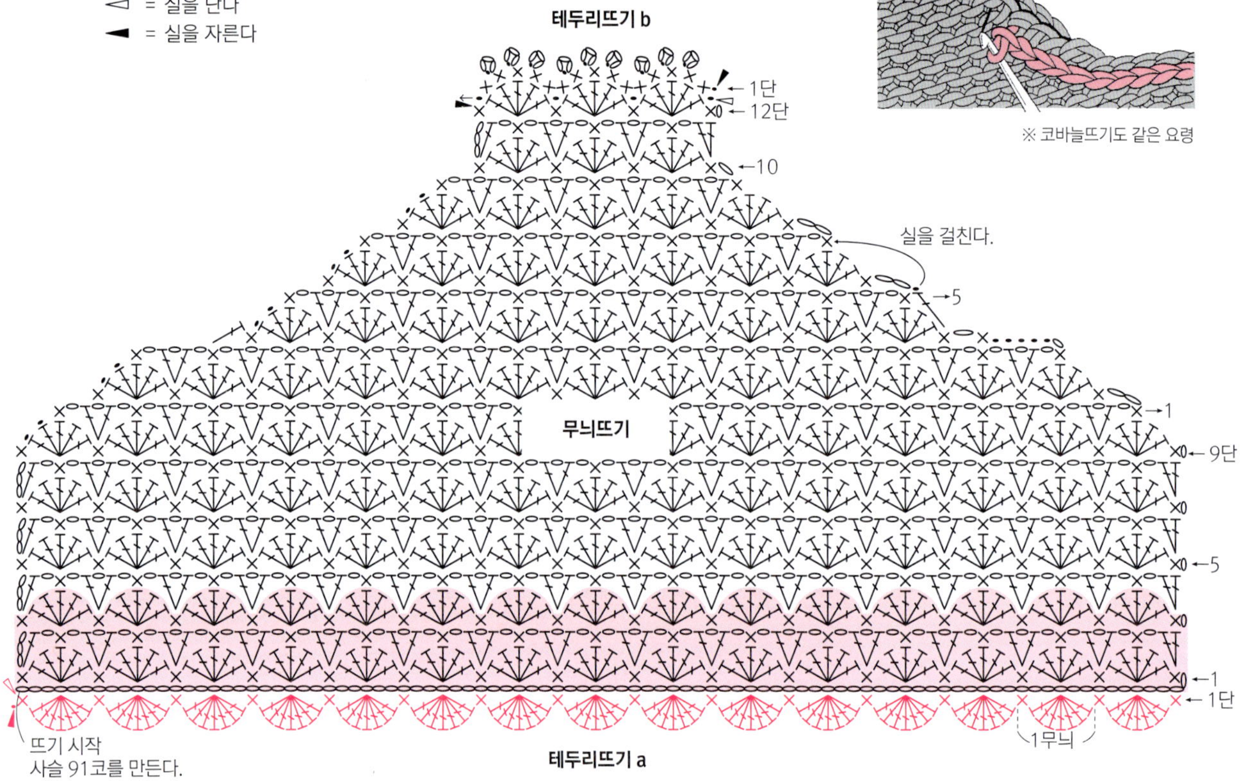

테두리뜨기 b

1단
12단
←10

실을 걸친다.

←5

무늬뜨기

←1
←9단
←5
←1
1단

뜨기 시작
사슬 91코를 만든다.

1무늬

테두리뜨기 a

※ 프렌치너트 스티치

①
②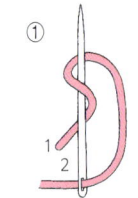
③

※ 레이지데이지 스티치

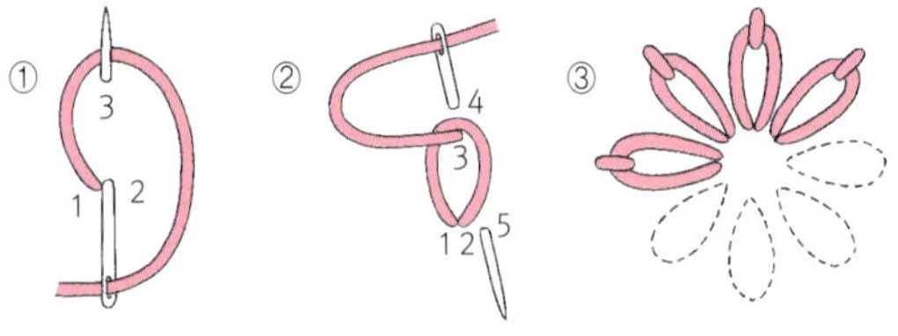

① ② ③

124

❋ 자수 도안(실물 크기)

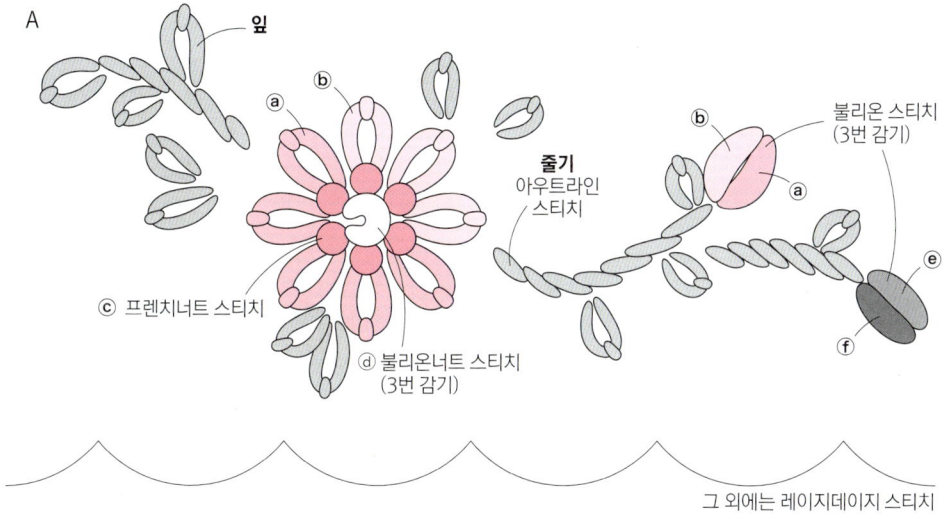

A

잎

ⓐ ⓑ

줄기
아우트라인
스티치

ⓑ

불리온 스티치
(3번 감기)

ⓐ

ⓒ 프렌치너트 스티치

ⓓ 불리온너트 스티치
(3번 감기)

ⓔ

ⓕ

A 배색	
잎 · 줄기	민트그린색
ⓐ	보랏빛 핑크색
ⓑ	핑크색
ⓒ	장미색
ⓓ	노란색
ⓔ	연한 라벤더색
ⓕ	라벤더색

그 외에는 레이지데이지 스티치

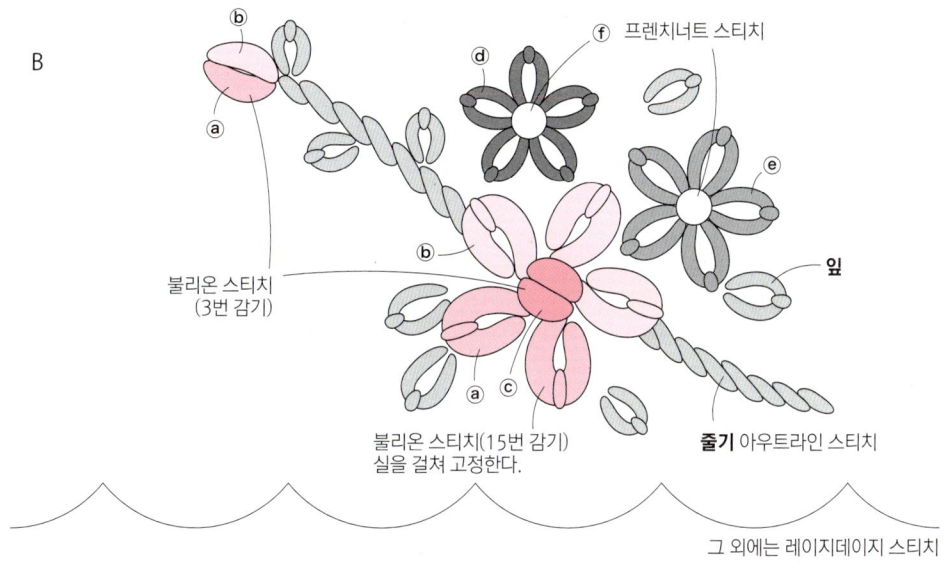

B

ⓑ

ⓐ

ⓓ

ⓕ 프렌치너트 스티치

ⓔ

잎

불리온 스티치
(3번 감기)

ⓑ

ⓐ ⓒ

불리온 스티치(15번 감기)
실을 걸쳐 고정한다.

줄기 아우트라인 스티치

B 배색	
잎 · 줄기	노란빛 녹색
ⓐ	보랏빛 핑크색
ⓑ	핑크색
ⓒ	주홍색
ⓓ	파란색
ⓔ	짙은 라벤더색
ⓕ	노란색

그 외에는 레이지데이지 스티치

❋ 불리온 스티치

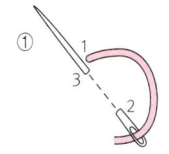
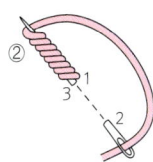
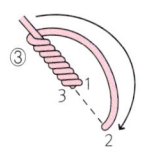
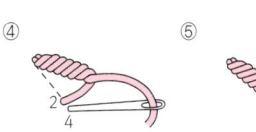

❋ 불리온로즈 스티치

불리온 스티치로
장미 모양을
만든다.

125

FLOWER EDGING 바스켓 클로스 장식 42-43p

재료

실 유자와야 먼셀 메리노 퀸(중세사)[1타래 40g] 카키색(1029) 20g, 새먼핑크색(1004)·빨간색(1005)·겨자색(1020)·파란색(1040)·라벤더색(1050)·핑크색(1057) 각 5g

기타 바구니(바깥쪽 치수) 입구 쪽 가로 34cm×세로 19cm×높이 12.5cm
바닥 쪽 가로 30cm×세로 16cm, 키친 클로스 45×75cm 1장

바늘 4/0호, 3/0호 코바늘

키친 클로스 꿰매는 방법

1 도안을 참고하여 가지고 있는 바구니에 맞춰서 시접 1cm를 더해 재단한다.

2 앞뒤 쪽 천과 옆쪽 천을 겉끼리 맞대어 꿰매 연결하고, 시접은 휘감치기한다.

3 2와 바닥 천을 겉끼리 맞대어 꿰매 연결하고 시접을 처리한다.

만드는 법 **POINT** 실은 리본만 2가닥, 그 외에는 1가닥으로 뜬다.

1 꽃은 사슬뜨기로 5코를 만든 뒤 두길긴뜨기로 2코 뜨고 1번째 사슬에 빼뜨기한다. 이 과정을 5번 반복한다. 지정한 색으로 뜬다.

2 잎 테두리 장식은 사슬뜨기로 9코를 만들고 기둥코로 사슬 1코를 뜬 다음 사슬 반 코와 뒷산을 주워서 잎을 뜬다. 이어서 도안과 같이 2개를 뜬다.

3 리본은 사슬뜨기로 65코를 만들고 사슬 뒷산을 빼뜨기해서 되돌아간다.

4 리본과 잎 테두리 장식, 꽃을 지정 위치에 단다.

❋ 꽃 모티프 배치도

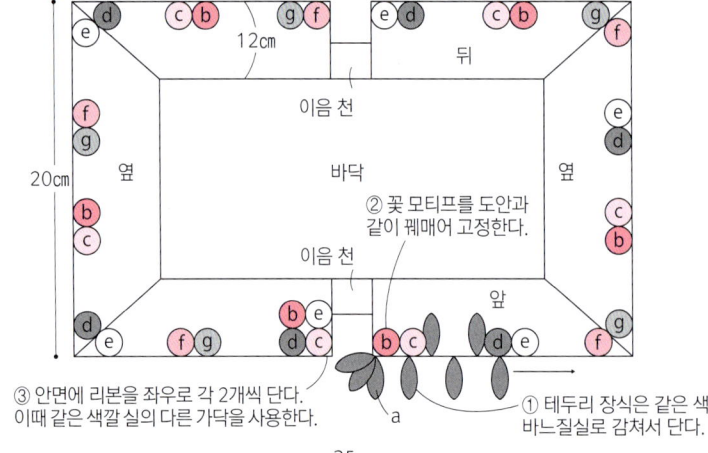

12cm

뒤

이음 천

옆

바닥

옆

20cm

② 꽃 모티프를 도안과 같이 꿰매어 고정한다.

이음 천

앞

③ 안면에 리본을 좌우로 각 2개씩 단다. 이때 같은 색깔 실의 다른 가닥을 사용한다.

a

① 테두리 장식은 같은 색 바느질실로 감춰서 단다.

35cm

❋ 배색

잎	a	카키색	2개
꽃	b	빨간색	6장
	c	핑크색	6장
	d	파란색	6장
	e	겨자색	6장
	f	새먼핑크색	5장
	g	라벤더색	5장

※ 잎 테두리 장식
  a 카키색 2개(3/0호 코바늘)

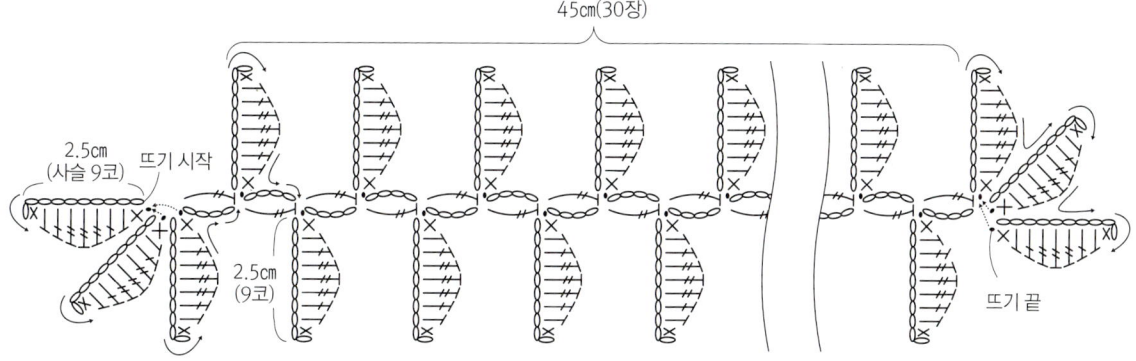

45cm(30장)

2.5cm
(사슬 9코)   뜨기 시작

2.5cm
(9코)

뜨기 끝

※ 꽃(공통)
  (3/0호 코바늘)

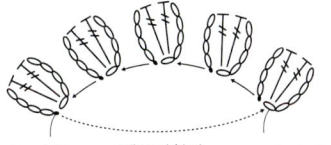

3cm

뜨기 끝   빼뜨기한다.   뜨기 시작   첫 코에 마지막 코를
                                            빼뜨기해 꽃 모양을
                                            만든다.

※ 리본 4개 카키색 2개(4/0호 코바늘)

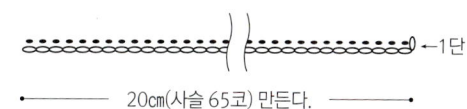

←1단

20cm(사슬 65코) 만든다.

※ 기호의 명칭

◯ = 사슬뜨기
✕ = 짧은뜨기
• = 빼뜨기
† = 한길긴뜨기
‡ = 두길긴뜨기
◁ = 실을 단다
◀ = 실을 자른다

※ 키친 클로스 꿰매는 방법

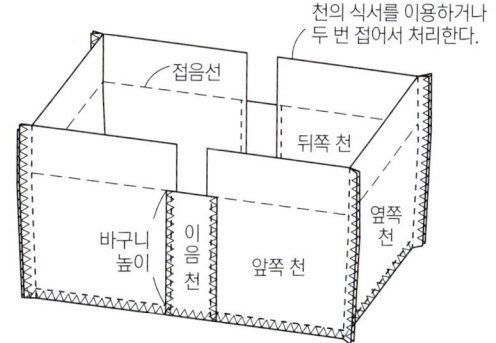

천의 식서를 이용하거나
두 번 접어서 처리한다.

접음선

뒤쪽 천

옆쪽
천

바구니
높이

이음
천

앞쪽 천

PETIT FLOWER LARIAT 작은 꽃 래리어트

46-47p

재료

실 유자와야 먼셀 메리노 레인보우(병태사)[1타래 40g] 연녹색(54) 35g, 연한 새먼핑크색(9) · 연노란색(39) · 민트그린색(73) · 연보라색(115) · 연보랏빛 핑크색(118) 각 10g 먼셀 메리노 퀸(중세사)[1타래 40g] 빨간색(1005) · 머스터드색(1020) · 라벤더색(1050) · 핑크색(1057) 각 10g

바늘 5/0호, 4/0호, 3/0호 코바늘   **완성 치수** 길이 145cm

만드는 법   **POINT** 실은 1가닥으로 뜬다.

1 잎은 사슬뜨기로 코를 만들어 뜨기 시작한다. 1 · 2단은 사슬 반 코와 뒷산을 주워 뜬다.

2 꽃 모티프는 실 고리로 코를 만들어 지정 배색대로 뜬 다음 꽃술을 떠 꽃 중앙에 단다.

3 줄기의 지정 위치에 꽃 모티프를 단다.

❋ 꽃 모티프 A~E(4/0호 코바늘)

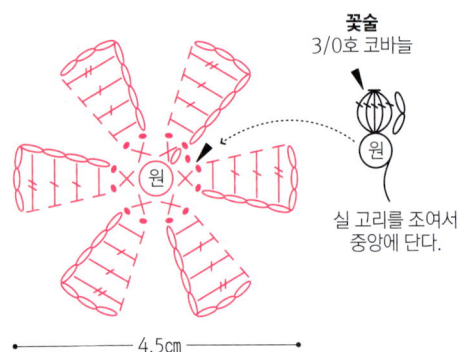

꽃술
3/0호 코바늘

원

실 고리를 조여서
중앙에 단다.

4.5cm

❋ 꽃 모티프 배색

A 4장	
꽃	연보랏빛 핑크색
꽃술	빨간색

B 4장	
꽃	연노란색
꽃술	라벤더색

C 2장	
꽃	연한 새먼핑크색
꽃술	머스터드색

D 4장	
꽃	민트그린색
꽃술	머스터드색

E 3장	
꽃	연보라색
꽃술	머스터드색

❋ 작은 꽃 모티프 F·G(3/0호 코바늘)

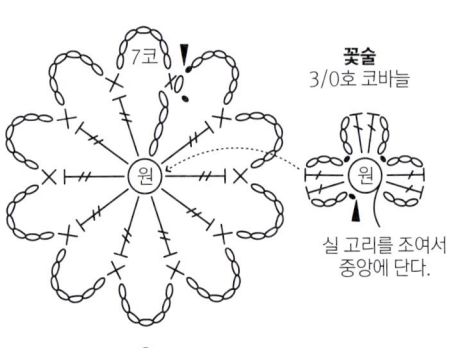

7코

원

꽃술
3/0호 코바늘

원

실 고리를 조여서
중앙에 단다.

3cm

❋ 작은 꽃 모티프 배색

F 4장	
꽃	핑크색
꽃술	빨간색

G 1장	
꽃	라벤더색
꽃술	머스터드색

❋ 기호의 명칭

⬭	= 사슬뜨기
✕	= 짧은뜨기
•	= 빼뜨기
⊤	= 긴뜨기
⟙	= 한길긴뜨기
⟤	= 두길긴뜨기
🪔	= 한길긴뜨기 5코 구슬뜨기
◁	= 실을 단다
◀	= 실을 자른다

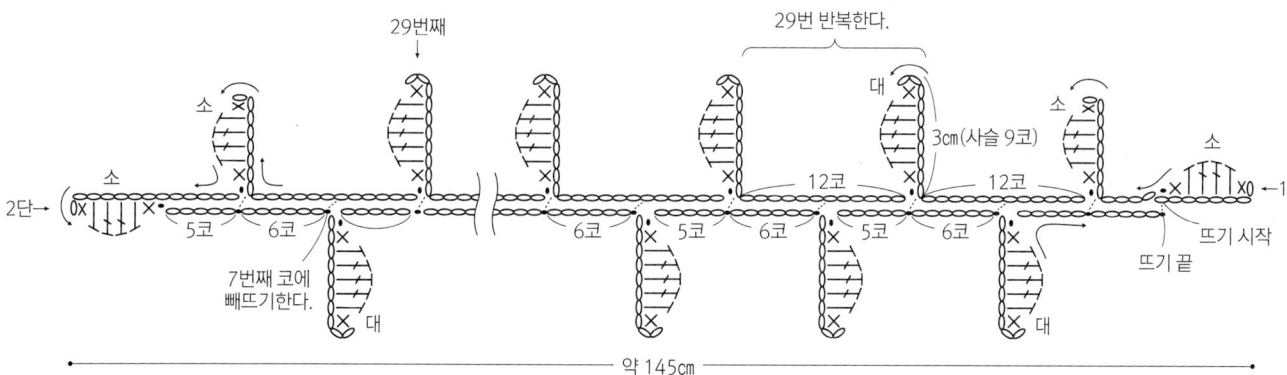

❋ 완성 방법

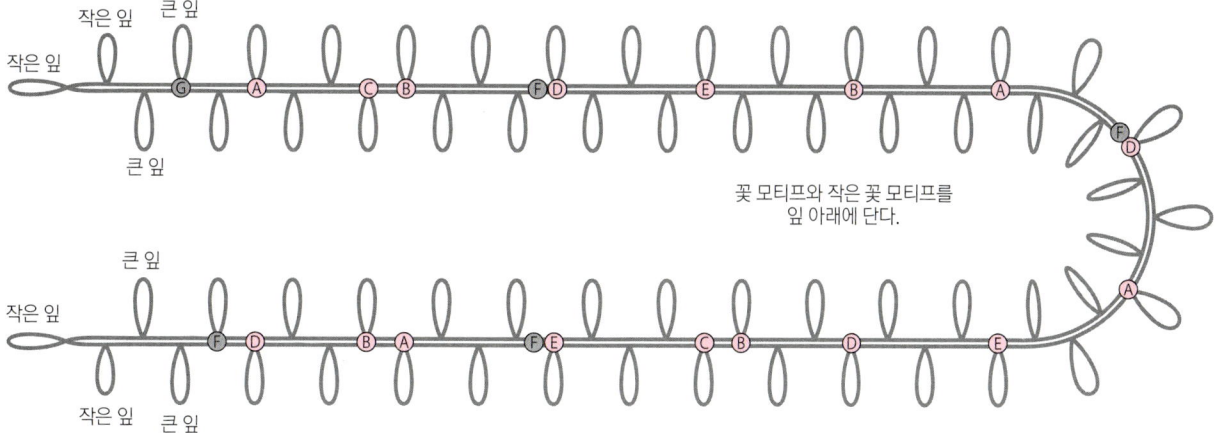

꽃 모티프와 작은 꽃 모티프를
잎 아래에 단다.

LACY STOLE 레이스 스톨

재료

실 유자와야 먼셀 메리노 퀸(중세사)[1타래 40g] 파란색(1038) 60g, 녹색(1030) 30g, 노란색(1018) 25g, 빨간색(1005) 15g, 연한 핑크색(1003) · 잉크블루색(1040) · 라벤더색(1050) · 핑크색(1057) · 오프화이트색(1074) 각 10g

바늘 4/0호 코바늘   **완성 치수** 길이 155㎝, 폭 34㎝

꽃 모티프 크기 지름 9㎝

만드는 법   POINT 실은 1가닥으로 뜬다.

1 꽃 모티프는 실 고리로 코를 만들어 지정 배색대로 뜬다. 2번째 꽃 모티프부터 5단의 지정 위치에서 빼뜨기하며 뜬다. 번호순으로 29장을 연결한다.

2 30~66번 꽃 모티프는 5단의 지정 위치에서 도안과 같이 피코뜨기를 한다.

※ 꽃 모티프 배치도   ※ 번호순으로 연결한다.

모티프의 5단 둘레에는 피코뜨기를 한다(131쪽 기호 도안 참고).

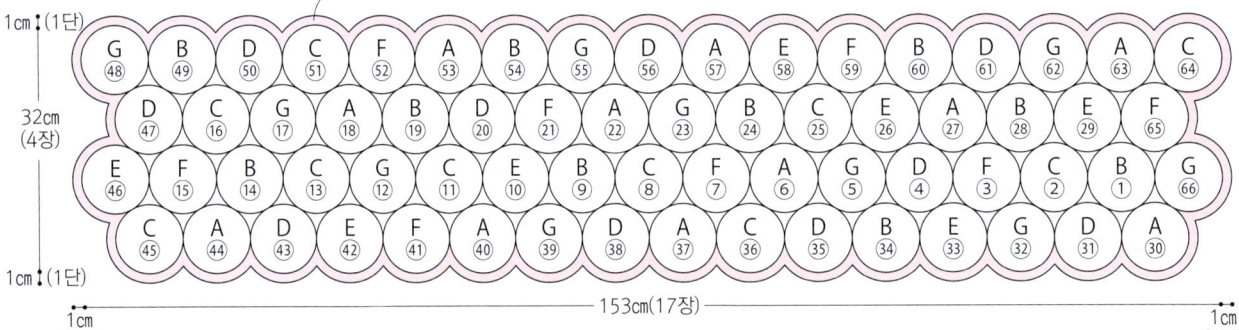

※ 꽃 모티프 A~F 56장

스톨 둘레에는 5단의 사슬 7번째 코에서 피코뜨기를 한다.

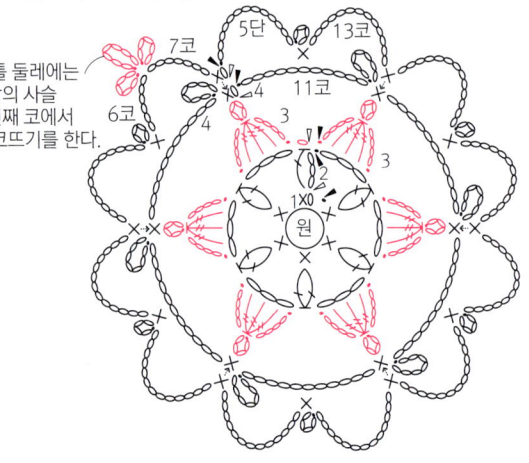

※ 꽃 모티프 A~F 배색

A 빨간색 11장	
5단	파란색
4단	녹색
3단	빨간색
2단	핑크색
1단	노란색

B 핑크색 10장	
5단	파란색
4단	녹색
3단	핑크색
2단	빨간색
1단	노란색

C 연한 핑크색 10장	
5단	파란색
4단	녹색
3단	연한 핑크색
2단	노란색
1단	빨간색

D 잉크블루색 10장	
5단	파란색
4단	녹색
3단	잉크블루색
2단	파란색
1단	노란색

E 라벤더색 7장	
5단	파란색
4단	녹색
3단	라벤더색
2단	오프화이트색
1단	잉크블루색

A 노란색 8장	
5단	파란색
4단	녹색
3단	노란색
2단	오프화이트색
1단	잉크블루색

❀ 꽃 모티프 둘레의 피코뜨기 하는 위치

❀ 꽃 모티프 연결하는 방법

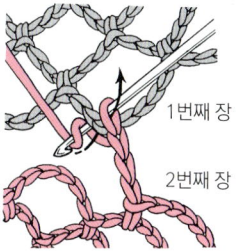

1번째 장

2번째 장

1번째 장 모티프 위에서 코바늘을 넣고 실을 걸어 빼내 2번째 장 모티프로 되돌아간다.

❀ 마거리트 꽃 모티프 G 10장

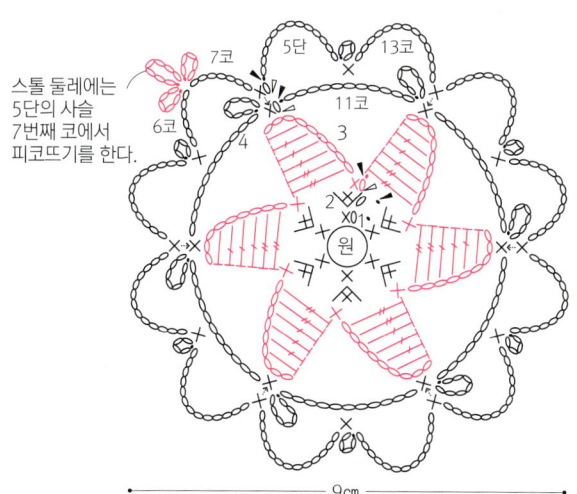

스톨 둘레에는 5단의 사슬 7번째 코에서 피코뜨기를 한다.

7코 5단 13코

6코 4

11코

3

원

9cm

❀ 마거리트 꽃 모티프 G 배색

G 오프화이트색 10장	
5단	파란색
4단	녹색
3단	오프화이트색
1·2단	노란색

❀ 기호의 명칭

◯	= 사슬뜨기
✕	= 짧은뜨기
●	= 빼뜨기
⩔	= 짧은뜨기 2코 늘려뜨기
⊤	= 긴뜨기
⨎	= 한길긴뜨기
⨎	= 두길긴뜨기
◌	= 사슬 4코 피코뜨기
◌	= 사슬 5코 피코뜨기
◌	= 사슬 7코 피코뜨기

TWO WAY BOLERO 투웨이 볼레로 50-51p

재료

실 본체 유자와야 라이트 모헤어(극세사)[1타래 20g] 핑크색(108) 100g

테두리뜨기·모티프·끈 먼셀 메리노 퀸(중세사) [1타래 40g] 카키색(1029) 30g, 새먼핑크색 (1004)·빨간색(1005)·머스터드색(1020)· 민트그린색(1032)·라벤더색(1050)·장미색 (1058)·잉크블루색(1040) 각 10g

바늘 3/0호 코바늘

완성 치수 가로 길이 63cm, 세로 길이 36cm

게이지(사방 10cm) 무늬뜨기: 25.5코 · 11단

만드는 법

POINT 실은 1가닥으로 뜬다.

1 본체는 등 중심에서 사슬뜨기로 코를 만들 어 뜨기 시작한다. 1단의 짧은뜨기는 사슬 반 코와 뒷산을 주워 뜬다. 2단 이후의 짧은뜨기 는 앞단 사슬뜨기를 묶음으로 주워(194쪽 참 고) 69단을 뜬다. 반대쪽은 실을 달아서 시작 코의 사슬 반 코를 주워 동일하게 뜬다.

2 테두리뜨기는 한 바퀴 뜬다.

3 꽃, 꽃봉오리, 잎, 줄기를 지정 배색대로 뜨 고 지정 위치에 단다. 마지막으로 장식 끈을 떠 서 단다.

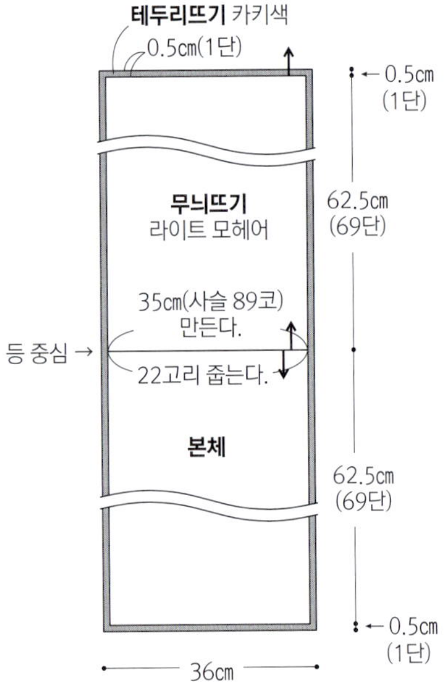

❋ 볼레로 기호 도안

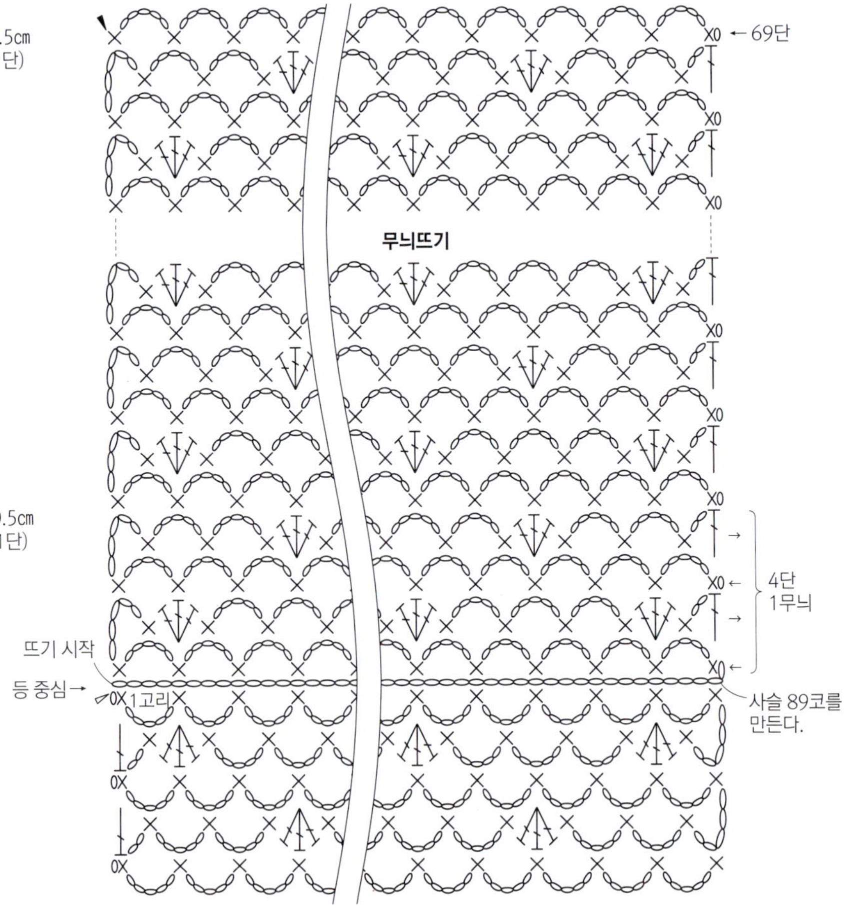

테두리뜨기 카키색
0.5cm(1단)

← 0.5cm (1단)

무늬뜨기 라이트 모헤어

62.5cm (69단)

35cm(사슬 89코) 만든다.

등 중심 →

22고리 줍는다.

본체

62.5cm (69단)

← 0.5cm (1단)

36cm

무늬뜨기

→ 69단

→ 4단 1무늬

뜨기 시작
등 중심 → 0X 1고리

사슬 89코를 만든다.

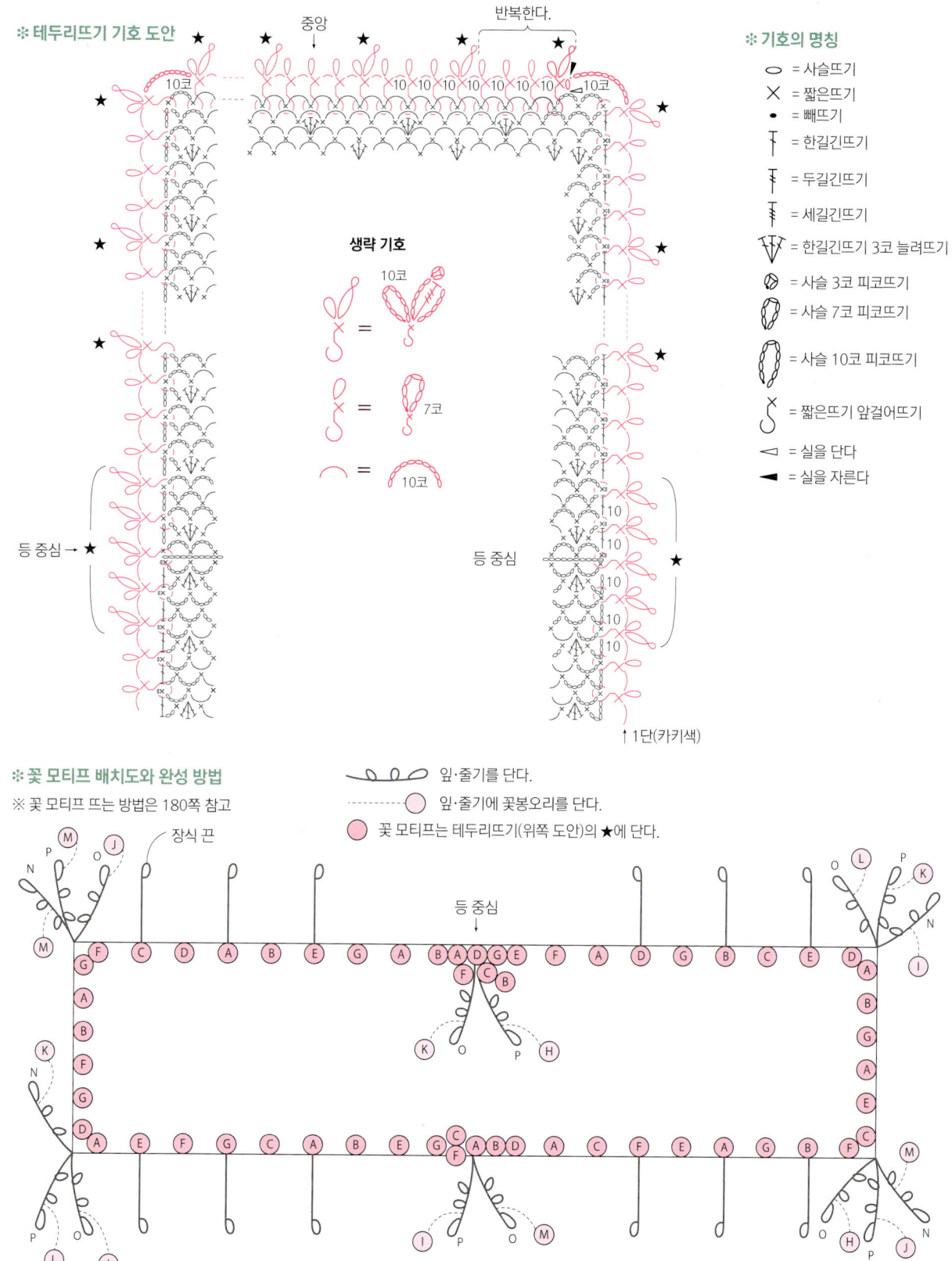

※ 테두리뜨기 기호 도안

중앙

반복한다.

생략 기호

등 중심 →★

등 중심

↑1단(카키색)

※ 기호의 명칭

◯ = 사슬뜨기

✕ = 짧은뜨기

• = 빼뜨기

| = 한길긴뜨기

‡ = 두길긴뜨기

‡ = 세길긴뜨기

= 한길긴뜨기 3코 늘려뜨기

= 사슬 3코 피코뜨기

= 사슬 7코 피코뜨기

= 사슬 10코 피코뜨기

= 짧은뜨기 앞걸어뜨기

= 실을 단다

◀ = 실을 자른다

※ 꽃 모티프 배치도와 완성 방법

※ 꽃 모티프 뜨는 방법은 180쪽 참고

잎·줄기를 단다.

잎·줄기에 꽃봉오리를 단다.

꽃 모티프는 테두리뜨기(위쪽 도안)의 ★에 단다.

장식 끈

등 중심

※ 꽃 A~G

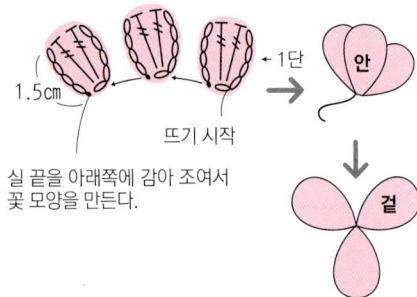

1.5cm

← 1단

뜨기 시작

실 끝을 아래쪽에 감아 조여서
꽃 모양을 만든다.

안

겉

※ 꽃봉오리 H~M

1cm

← 1단

뜨기 시작

안

겉끼리 맞대어 2겹으로 접고
아래쪽을 조인다.

※ 꽃·꽃봉오리 배색

꽃	A	빨간색	12장
	B	장미색	9장
	C	새먼핑크색	7장
	D	라벤더색	6장
	E	잉크블루색	7장
	F	민트그린색	8장
	G	머스터드색	9장
꽃봉오리	H	빨간색	3장
	I	장미색	
	J	라벤더색	
	K	잉크블루색	각 2장
	L	민트그린색	
	M	머스터드색	

※ 잎·줄기 모두 카키색

N
4개

8코 8코
5코 4코 4코 8코
뜨기 시작
꽃봉오리를 단다(H·I·K·M).

O
6개

10코 10코
7코 5코 5코 8코
뜨기 시작
꽃봉오리를 단다(H~M).

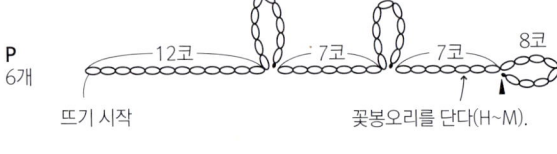

P
6개

10코 9코
12코 7코 7코 8코
뜨기 시작
꽃봉오리를 단다(H~M).

※ 장식 끈(볼레로용) 카키색 12개

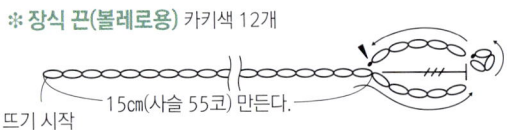

15cm(사슬 55코) 만든다.
뜨기 시작

134

TRIANGLE STOLE 삼각 스톨 52-53p

재료

실 유자와야 먼셀 메리노 퀸(중세사)[1타래 40g] 빨간색(1005) 100g

바늘 3/0호 코바늘 　**완성 치수** 가로 길이 118cm, 세로 길이 37cm(술 장식 제외)

만드는 법 **POINT** 실은 1가닥으로 뜬다.

1 모티프는 실 고리로 코를 만들고 1~4 부분을 각각 번호순으로 뜬 다음 각 부분 사이를 좌우 그물뜨기로 연결한다.

2 꽃 모티프는 2번째 것부터 마지막 단의 지정 위치에서 빼뜨기로 연결하며 뜬다. 꽃 모티프 D는 마지막 단에서 A · B · C에 연결하면서 뜬다. 잎 e · d는 사슬뜨기로 코를 만든 뒤 사슬 반 코와 뒷산을 주워 짧은뜨기와 한길긴뜨기로 뜬다. 사슬 1코를 뜨고 시작코 반대쪽에서 반 코를 주워 되돌아간 다음 마지막 코는 실을 빼낸다. 실 끝을 15cm 정도 남겨서 모티프의 지정 위치에 단다.

3 모티프 E의 마지막 단은 연결하는 위치의 앞쪽을 사슬뜨기로 7코 뜨고 일단 코바늘을 뺀다. 1번째 꽃 모티프의 네길긴뜨기 옆 사슬뜨기 실을 주워 코바늘을 넣고 2번째 꽃 모티프의 코를 빼낸 뒤 뜬다(138~139쪽 참고).

4 뒤 중앙에서 좌우 대칭으로 뜬다.

5 니트볼은 실 고리로 코를 만들어 뜨고 마지막 단에서 안에 실을 넣은 뒤 마지막 단의 코를 돗바늘로 주워서 조인다. 사슬뜨기를 지정 콧수만큼 뜬다. 술 장식 1을 한 쌍 떠서 뒤 중앙에 달고, 술 장식 2를 두 쌍 떠서 앞쪽 가장자리 두 군데에 단다. 마지막으로 술 장식 3을 4개 뜨고 지정 위치에 단다.

A 19장　　　　　　　　　　**B** 20장

— 6cm —　　　　　　　　　　— 5cm —

※ **기호의 명칭**

기호	명칭
⬯	= 사슬뜨기
✕	= 짧은뜨기
•	= 빼뜨기
⊤	= 긴뜨기
丅	= 한길긴뜨기
𝍔	= 두길긴뜨기
丰	= 세길긴뜨기 · 네길긴뜨기
⋎	= 한길긴뜨기 3코 늘려뜨기
⋀	= 두길긴뜨기 5코 구슬뜨기
⋈	= 짧은뜨기 2코 모아뜨기
⬙	= 사슬 3코 피코뜨기
⬙	= 사슬 5코 피코뜨기
◁	= 실을 단다
◀	= 실을 자른다

8cm

⊗ = 앞단 ⟀의 안면 다리를 줍는다.

D 1장

5단

원

11cm

E 6장

7코

4단

3

2

1

원

10cm

↓ 뒤 중앙

※ 부분 1

A ① ② ③

①～㉑의 번호순으로
연결한다.

④ ⑤ ⑥

37cm

⑦ ⑧ ⑨

⑩ D⑰ ⑫

⑪ ⑬

B⑮ C⑭ B⑯

잎e⑲

잎e⑱

※ 잎 e, d는 모티프에 단다.

잎d⑳ 잎d㉑

니트볼 술 장식 1을 단다(만드는 방법은 139쪽 참고).

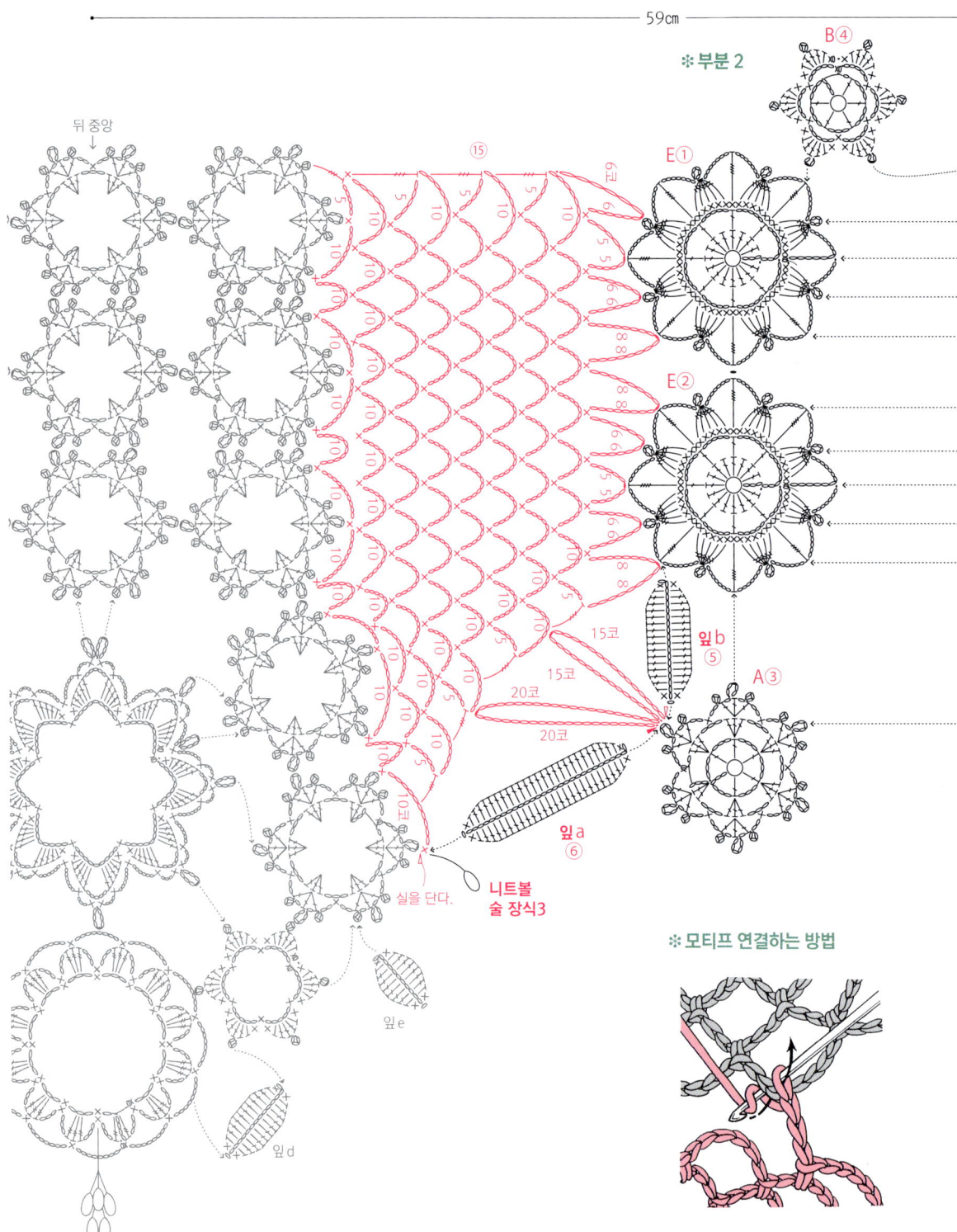

59cm

※ 부분 2

B④

E①

E②

잎b
⑤

A③

잎a
⑥

뒤 중앙

⑮

6코

15코

15코

20코

20코

10코

실을 단다.

니트볼
술 장식3

잎 e

잎 d

※ 모티프 연결하는 방법

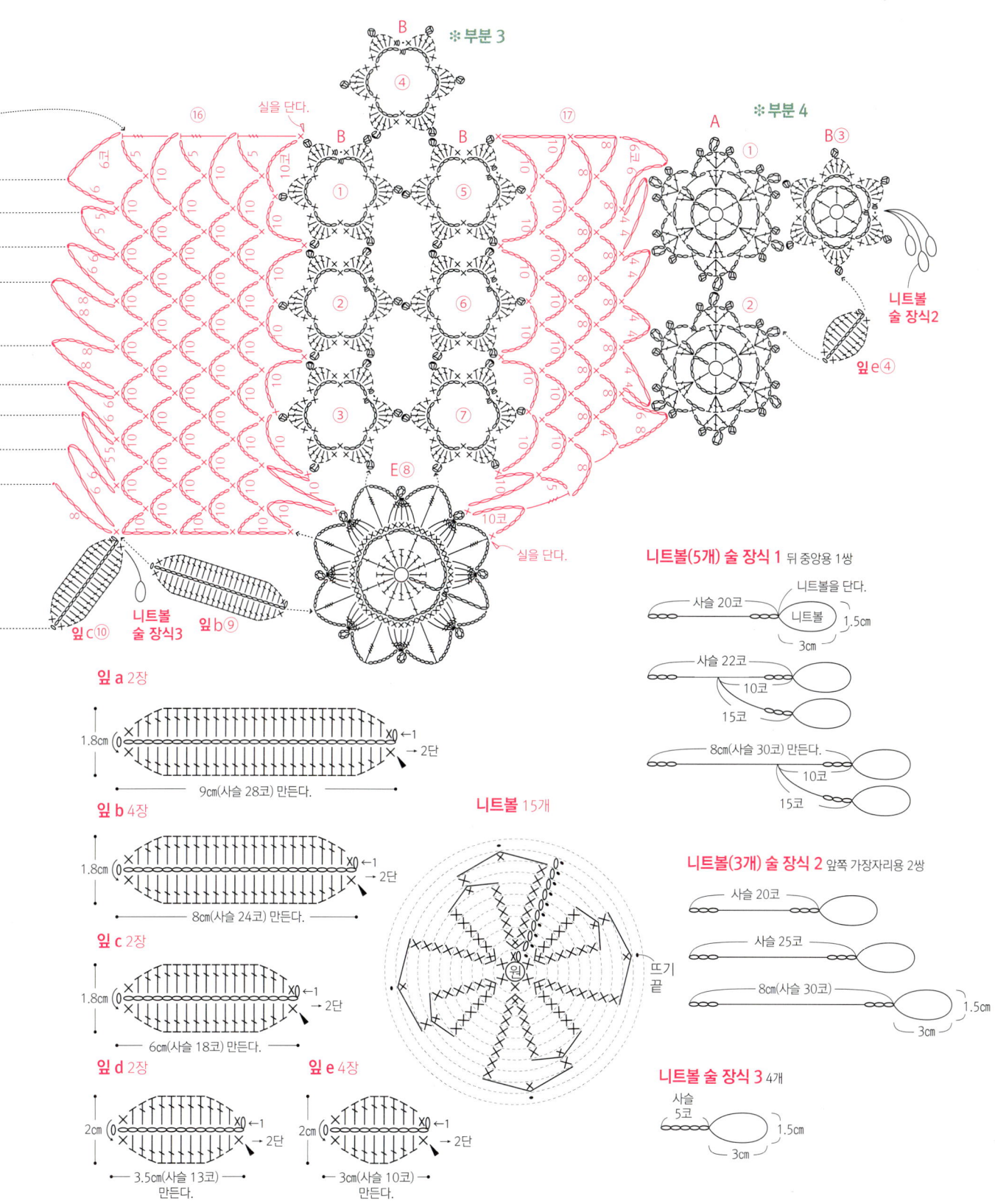

※부분 3

B
④

※부분 4

A
①

B③

실을 단다.

⑯

B
①

B
⑤

⑰

②

니트볼
술 장식2

잎 e④

③

②

⑥

⑦

E⑧

10코

실을 단다.

잎 c⑩

니트볼
술 장식3

잎 b⑨

니트볼(5개) 술 장식 1 뒤 중앙용 1쌍

니트볼을 단다.

사슬 20코

니트볼

1.5cm

3cm

사슬 22코

10코

15코

8cm(사슬 30코) 만든다.

10코

15코

잎 a 2장

1.8cm

←1
→2단

9cm(사슬 28코) 만든다.

니트볼(3개) 술 장식 2 앞쪽 가장자리용 2쌍

사슬 20코

사슬 25코

8cm(사슬 30코)

1.5cm

3cm

잎 b 4장

1.8cm

←1
→2단

8cm(사슬 24코) 만든다.

니트볼 15개

잎 c 2장

1.8cm

←1
→2단

6cm(사슬 18코) 만든다.

원

뜨기
끝

니트볼 술 장식 3 4개

사슬
5코

1.5cm

3cm

잎 d 2장

2cm

←1
→2단

3.5cm(사슬 13코)
만든다.

잎 e 4장

2cm

←1
→2단

3cm(사슬 10코)
만든다.

LACY SNOOD 레이스 스누드

재료

실 유자와야 먼셀 메리노 퀸(중세사)[1타래 40g] 연한 핑크색(1003) 30g, 녹색(1027) 20g, 핑크색(1057) 15g, 장미색(1058) 10g

바늘 3/0호 코바늘   **완성 치수** 길이 104㎝, 폭 25㎝   **꽃 모티프 크기** 지름 13㎝

만드는 법   **POINT** 실은 1가닥으로 뜬다.

1 실 고리로 코를 만들어 뜨기 시작한다. 지정한 색으로 바꾸며 도안과 같이 뜬다.

2 2번째 꽃 모티프부터 마지막 단에서 빼뜨기로 16장을 도안과 같이 연결하며 뜬다(138쪽 참고).

※ **꽃 모티프** 16장

※ **기호의 명칭**

◯	= 사슬뜨기
✕	= 짧은뜨기
●	= 빼뜨기
	= 두길긴뜨기
	= 세길긴뜨기 4코 구슬뜨기
	= 사슬 5코 피코뜨기
◁	= 실을 단다
◀	= 실을 자른다

13cm

※ 꽃 모티프 배치도

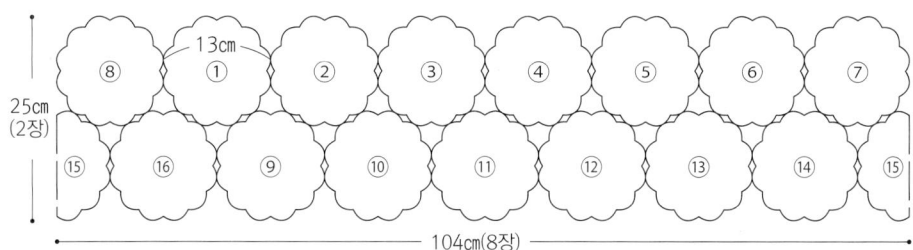

25cm
(2장)

13cm

⑧ ① ② ③ ④ ⑤ ⑥ ⑦

⑮ ⑯ ⑨ ⑩ ⑪ ⑫ ⑬ ⑭ ⑮

104cm(8장)

※ 꽃 모티프 배색

5단	녹색
4단	연한 핑크색
2 · 3단	핑크색
1단	장미색

※ 꽃 모티프 연결하는 방법
　※ 번호순으로 떠서 연결한다.

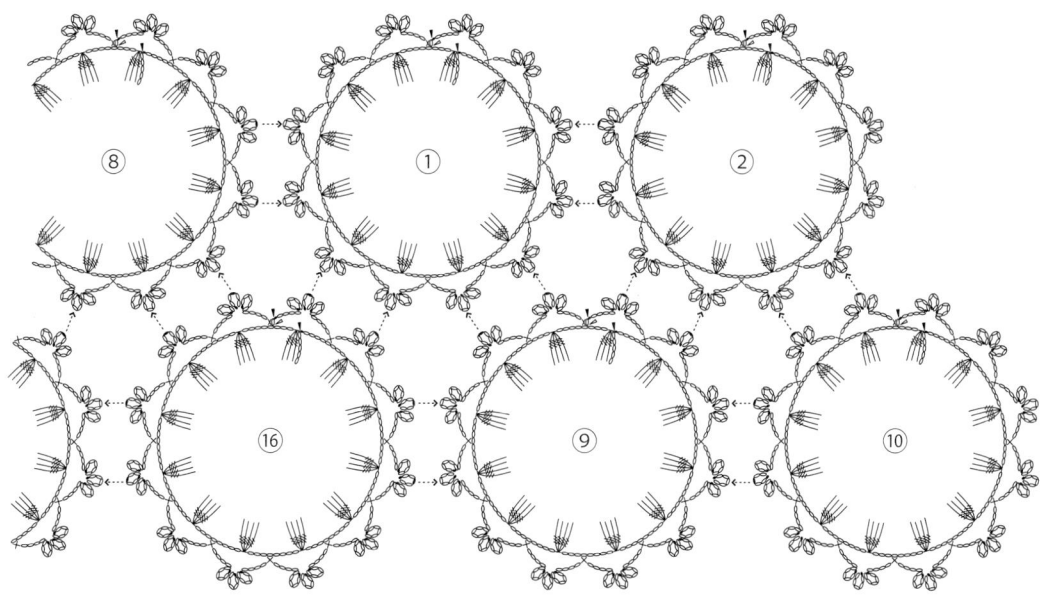

⑧ ① ②

⑯ ⑨ ⑩

TWEED CLOCHE 코르사주 장식 모자 55p

재료

실 본체 유자와야 에페소(중세사)[1타래 30g] 차콜색(22) 100g
모티프 먼셀 메리노 퀸(중세사)[1타래 40g] 카키색(1029) 10g, 앵커 아트 4238(타피스리울)[1타래 10m] 노란색(8094)·터쿼이즈블루색(8806)·연한 민트그린색(8932)·민트그린색(8934) 각 1타래

바늘 6/0호, 4/0호, 2/0호 코바늘

완성 치수 머리둘레 56㎝, 깊이 6.5㎝

게이지(사방 10㎝) 짧은뜨기: 19코·20단

만드는 법

POINT 실은 본체는 차콜색 2가닥, 꽃 모티프는 각 1가닥으로 뜬다.

1 본체는 실 고리로 코를 만들어 뜨기 시작한다. 꼭대기는 코를 늘리면서 15단 뜨고, 이어서 옆면을 증감 없이 13단 뜬다. 모자챙은 코를 늘리면서 10단을 뜨고, 마지막은 되돌아 짧은뜨기로 1단을 뜬다.

2 잎 띠를 뜨고 지정 위치에서 교차하여 본체에 단다. 꽃 모티프를 지정 배색대로 뜬다. 꽃술을 떠서 꽃 중앙에 달고, 잎이 교차된 부분에 꽃 모티프를 단다.

❈ 꽃 모티프 1장(4/0호 코바늘)

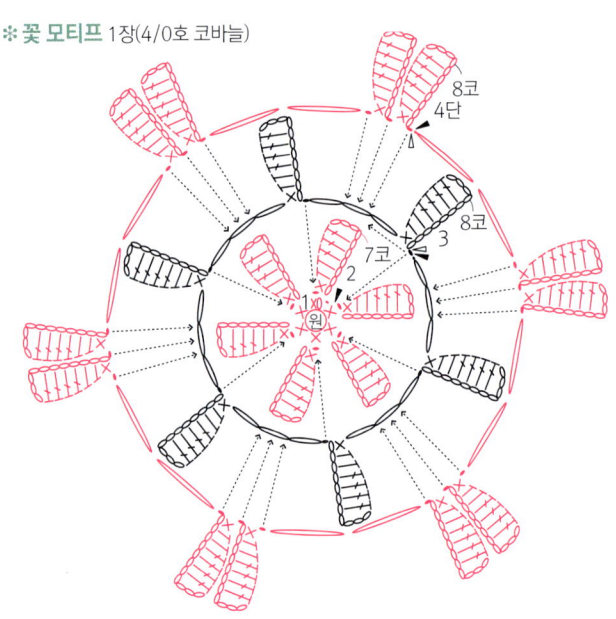

8.5㎝

❈ 꽃 모티프 배색

4단	터쿼이즈블루색
3단	민트그린색
1·2단	연한 민트그린색
꽃술	노란색

❈ 꽃술 1장(4/0호 코바늘)

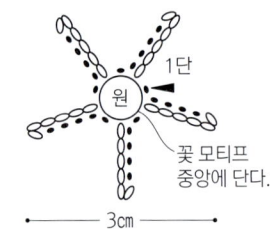

꽃 모티프 중앙에 단다.

3㎝

❈ 기호의 명칭

⭕	= 사슬뜨기
✕	= 짧은뜨기
•	= 빼뜨기
⊤	= 긴뜨기
⊤	= 한길긴뜨기
⊤	= 두길긴뜨기
∨ · ⋎	= 짧은뜨기 2코 늘려뜨기
⋈	= 뒤돌아 짧은뜨기
◁	= 실을 단다
◀	= 실을 자른다

❈ 잎 띠 카키색(2/0호 코바늘)

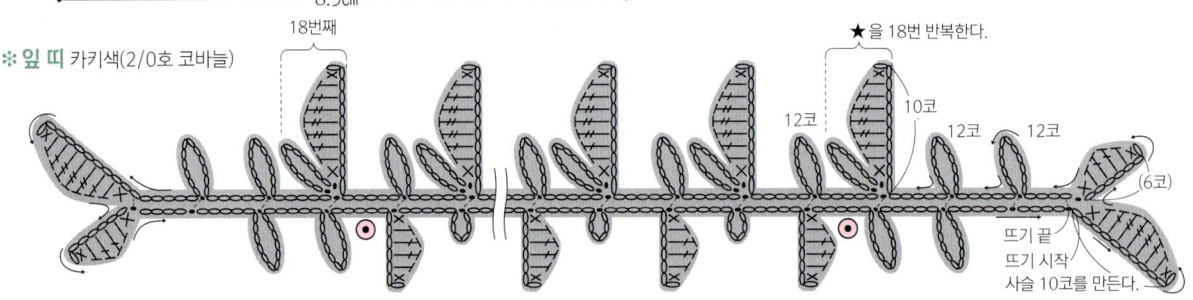

⊙ 에서 교차시켜 모자에 단다.

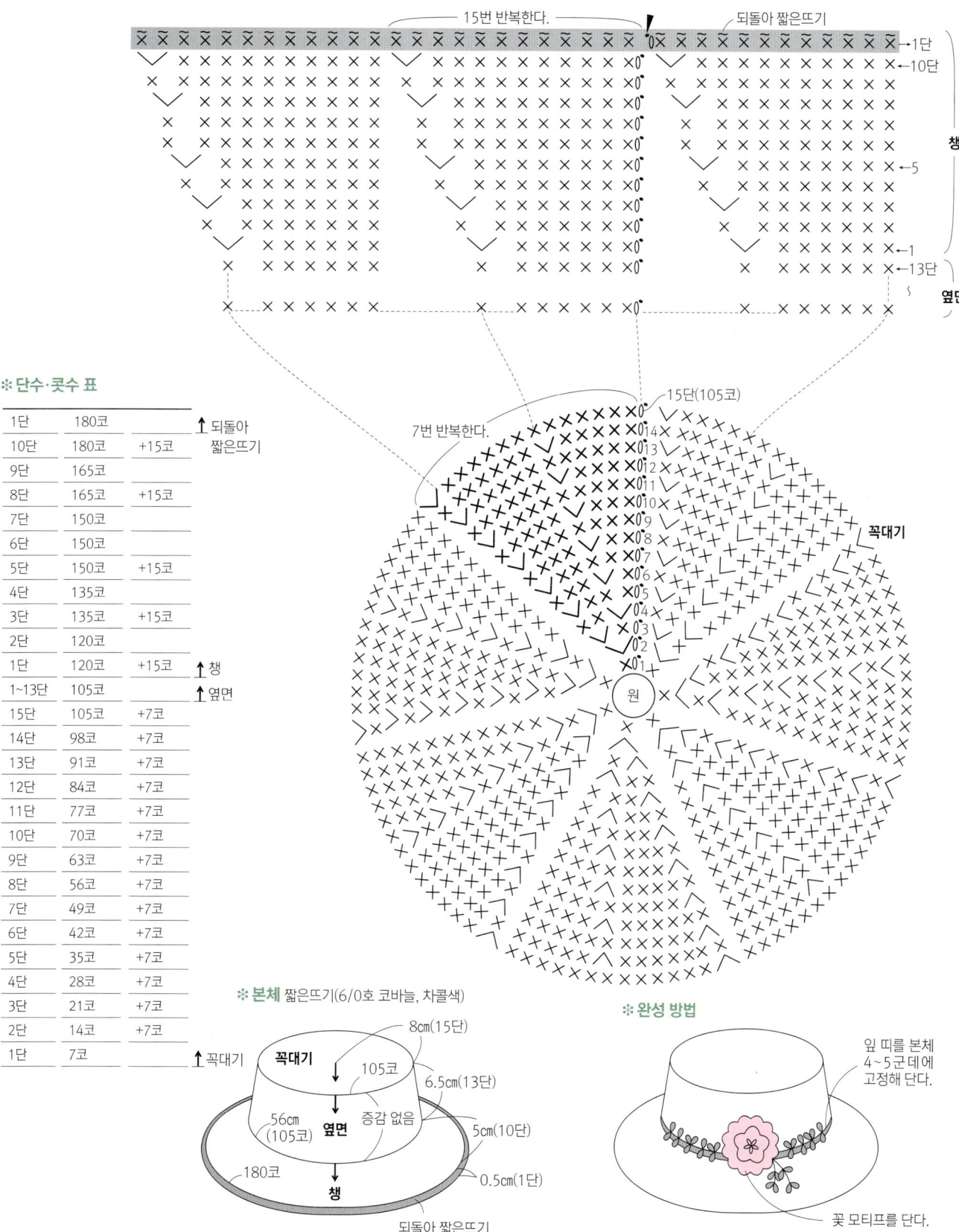

15번 반복한다.

되돌아 짧은뜨기

←1단
←10단

챙

←5

←1
←13단

옆면

7번 반복한다.

15단(105코)
꼭대기

원

※ 단수·콧수 표

1단	180코		↑ 되돌아 짧은뜨기
10단	180코	+15코	
9단	165코		
8단	165코	+15코	
7단	150코		
6단	150코		
5단	150코	+15코	
4단	135코		
3단	135코	+15코	
2단	120코		
1단	120코	+15코	↑ 챙
1~13단	105코		↑ 옆면
15단	105코	+7코	
14단	98코	+7코	
13단	91코	+7코	
12단	84코	+7코	
11단	77코	+7코	
10단	70코	+7코	
9단	63코	+7코	
8단	56코	+7코	
7단	49코	+7코	
6단	42코	+7코	
5단	35코	+7코	
4단	28코	+7코	
3단	21코	+7코	
2단	14코	+7코	
1단	7코		↑ 꼭대기

※ 본체 짧은뜨기(6/0호 코바늘, 차콜색)

8cm(15단)
꼭대기
105코
6.5cm(13단)
56cm (105코)
옆면
증감 없음
5cm(10단)
180코
챙
0.5cm(1단)
되돌아 짧은뜨기

※ 완성 방법

잎 띠를 본체 4~5군데에 고정해 단다.

꽃 모티프를 단다.

143

CLOCHE 모자 56-57p

재료

실 유자와야 먼셀 메리노 레인보우(병태사)[1타래 40g] 베이지색(27) 120g
먼셀 메리노 퀸(중세사)[1타래 40g] 겨자색(1020) 30g, 연한 카키색(1028) · 카키색
(1029) 각 8g

바늘 6/0호, 5/0호, 3/0호 코바늘　　**완성 치수** 머리둘레 50㎝, 깊이 11㎝

게이지(사방 10㎝) 짧은뜨기: 25코 · 28단, 잎 1무늬: 길이 4.5㎝

만드는 법　**POINT** 실은 1가닥으로 뜬다.　※짧은뜨기는 실을 당기면서 단단히 뜬다.

1 모자는 꼭대기부터 뜨기 시작한다. 사슬뜨기로 4코를 만들고 기둥코로 사슬 1코를 뜬 뒤 짧은뜨기를 한다. 2단 이후는 도안과 같이
코를 늘리면서 25단을 뜬다.

2 옆면은 증감 없이 33단을 뜬다.

3 챙은 도안과 같이 코를 늘리면서 뜨는데, 마지막 단은 되돌아 짧은뜨기로 1단을 뜬다.

4 모자 띠(146쪽 참고)는 사슬뜨기로 11코를 만들고 기둥코로 사슬 1코를 뜬 다음 사슬 반 코와 뒷산을 주워 뜬다. 길이는 모자 옆면에
맞춘다. 마지막 코는 첫 사슬뜨기에 빼뜨기해 원형으로 만든 뒤 모자에 단다.

5 꽃은 실 고리로 코를 만들어 뜨기 시작한다. 부드러운 느낌으로 완성되도록 실을 당기는 힘에 주의한다. 시작코의 실 끝으로 잎의
양옆에 원하는 장수만큼 단다.

※ 단수 · 콧수 표

25단	125코	+8코
24단	117코	
23단	117코	+8코
22단	109코	
21단	109코	+7코
20단	102코	
19단	102코	+8코
18단	94코	
17단	94코	+8코
16단	86코	
15단	86코	+8코
14단	78코	
13단	78코	+8코
12단	70코	+8코
11단	62코	
10단	62코	+8코
9단	54코	+8코
8단	46코	
7단	46코	+6코
6단	40코	+6코
5단	34코	+6코
4단	28코	+6코
3단	22코	+6코
2단	16코	+6코
1단	10코		↑ 꼭대기

1단	186코		↑ 되돌아 짧은뜨기
14 · 15단	186코		
13단	186코	+7코
6~12단	179코	
5단	179코	+14코
4단	165코	
3단	165코	+15코
2단	150코	
1단	150코	+25코	↑ 챙
1~33단	125코		↑ 옆면

※ 기호의 명칭

⬭ = 사슬뜨기
✕ = 짧은뜨기
● = 빼뜨기
ⅴ · ⅲ = 짧은뜨기 2코 늘려뜨기
⤬ = 되돌아 짧은뜨기
◀ = 실을 자른다

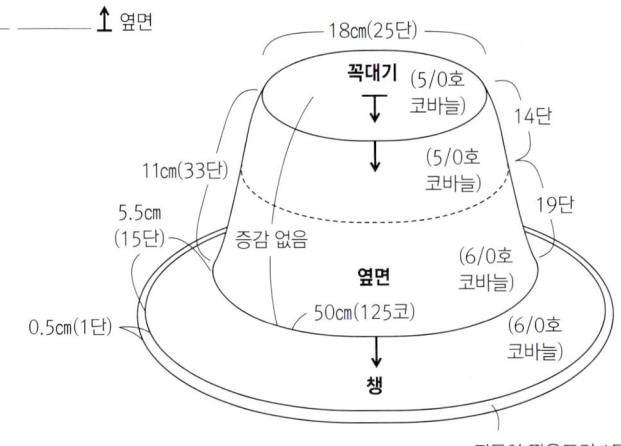

18cm(25단)
꼭대기 (5/0호 코바늘)
↓
(5/0호 코바늘)
14단
11cm(33단)
5.5cm (15단)
증감 없음
옆면 (6/0호 코바늘)
19단
0.5cm(1단)
50cm(125코)
(6/0호 코바늘)
챙
↓
되돌아 짧은뜨기 1단(6/0호 코바늘)

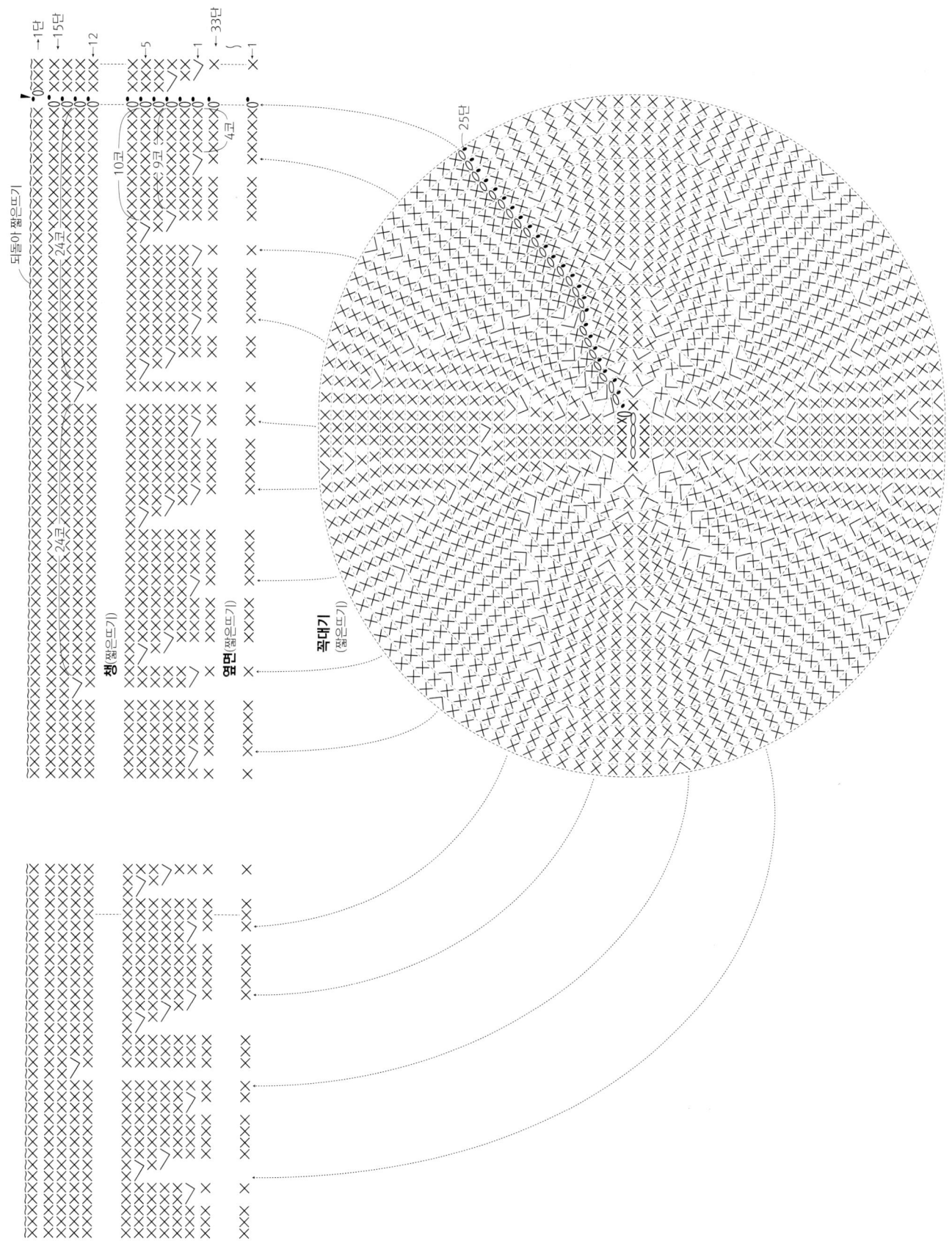

NECKLACE 목걸이 56p

재료

실 유자와야 먼셀 메리노 퀸(중세사)[1타래 40g] 연한 카키색(1028) 8g, 카키색(1029) 7g, 겨자색(1020) 4g

바늘 3/0호 코바늘　　**완성 치수** 길이 63cm

게이지(사방 10cm) 1무늬: 길이 4.5cm

만드는 법　**POINT** 실은 1가닥으로 뜬다.

1 잎은 사슬뜨기로 11코를 만들고 기둥코로 사슬 1코를 뜬 다음 사슬 반 코와 뒷산을 주워 뜬다. 마지막 코는 첫 사슬뜨기에 빼뜨기해 원형으로 만든다.

2 꽃은 실 고리로 코를 만들어 뜨기 시작한다. 부드러운 느낌으로 완성되도록 실을 당기는 힘에 주의한다. 시작코의 실 끝으로 지정 위치에 균형 있게 단다.

❊ 목걸이 잎

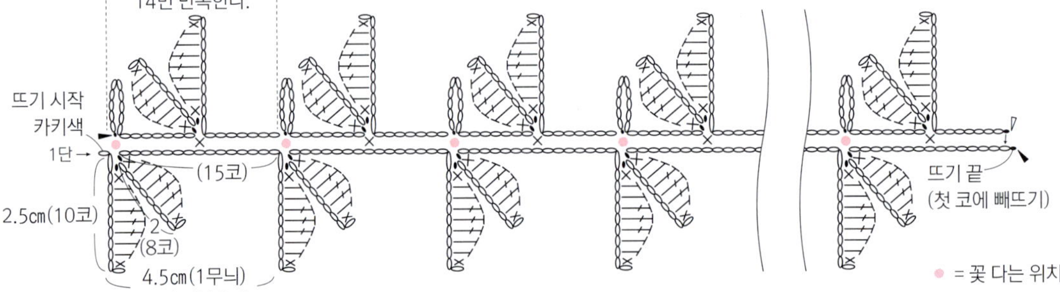

4.5cm(1무늬)
14번 반복한다.

뜨기 시작
카키색

1단

2.5cm(10코)

(15코)

2
(8코)

4.5cm(1무늬)
14번 반복한다.

뜨기 끝
(첫 코에 빼뜨기)

● = 꽃 다는 위치

❊ 목걸이 꽃 14장 겨자색

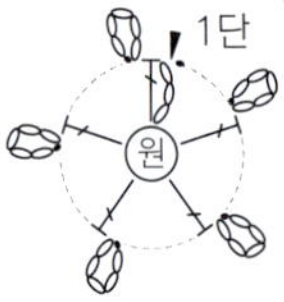

1단

원

❊ 기호의 명칭

⬭ = 사슬뜨기	⊤ = 긴뜨기	⬢ = 사슬 5코 피코뜨기
✕ = 짧은뜨기	⊤ = 한길긴뜨기	◁ = 실을 단다
● = 빼뜨기	∨ · ⩔ = 짧은뜨기 2코 늘려뜨기	◀ = 실을 자른다

❊ 모자 띠(3/0호 코바늘)
카키색 1개, 연한 카키색 1개

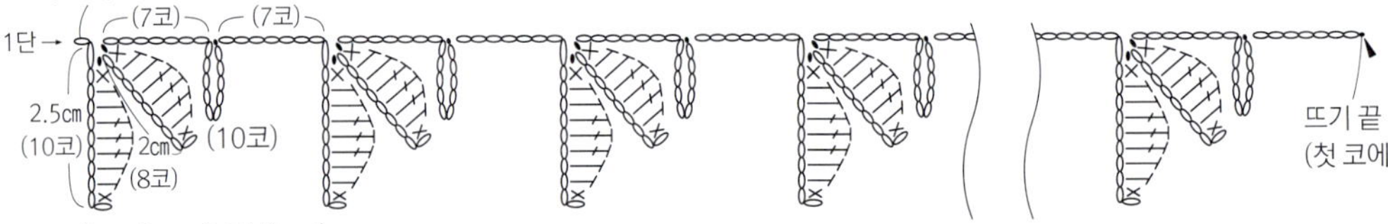

뜨기 시작

1단

(7코)　(7코)

2.5cm
(10코)

2cm
(8코)

(10코)

4.5cm(1무늬)
14번 반복한다.

뜨기 끝
(첫 코에 빼뜨기)

❊ 모자 띠 꽃
85장 겨자색
(3/0호 코바늘)

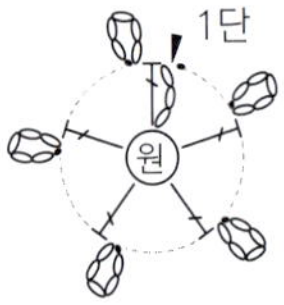

1단

원

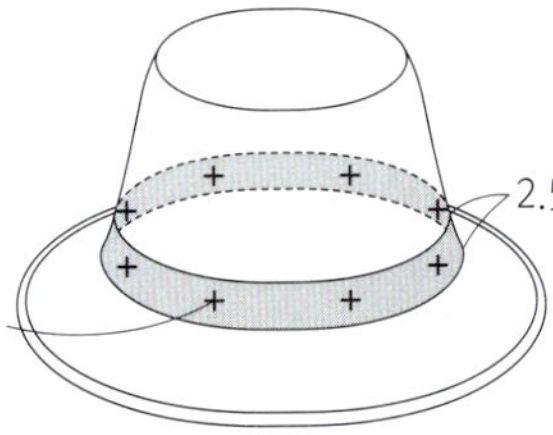

① 모자 띠를 모자 8군데에 고정해 단다.
② 모자 띠 위와 아래 사이에 꽃을 단다.

2.5cm

WRIST WARMERS 손목 워머

58-59p

재료

실 유자와야 먼셀 메리노 레인보우(병태사)[1타래 40g] 옅은 민트그린색(67) 40g, 먼셀 메리노 퀸(중세사)[1타래 40g] 옅은 핑크색(1002) · 연한 핑크색(1003) · 연한 새먼핑크색(1010) · 연한 민트그린색(1026) · 연한 라벤더색(1049) · 라벤더색(1050) · 짙은 핑크색(1056) 각 10g

바늘 3/0호 코바늘, 5호(3.6㎜) 대바늘 4개   **완성 치수** 손바닥 둘레 19㎝, 길이 17.5㎝

게이지(사방 10㎝) 한길긴뜨기: 23코 · 12단

만드는 법 **POINT** 실은 1가닥으로 뜬다.

1 손등 쪽의 꽃 모티프는 실 고리로 코를 만들어 지정 배색대로 뜬다. 배치도를 참고해 맞닿은 모티프 어느 한쪽의 색깔 실로 연결한다. 테두리뜨기 a로 뜬다.

2 손바닥 쪽은 사슬뜨기로 코를 만들어 뜨기 시작한다. 엄지손가락 위치는 도안과 같이 실을 달고 사슬 8코를 떠서 손가락 구멍을 만든다. 이어서 테두리뜨기 b로 뜬다.

3 손등 쪽과 손바닥 쪽을 겉끼리 맞대어 임시 고정한다. 손바닥 쪽의 한길긴뜨기 가장자리 코와 손등 쪽의 테두리뜨기 a를 주워 짧은뜨기 1단으로 꿰매어 원통형으로 만든다.

4 손목 쪽에 테두리뜨기 c를 한 바퀴 뜬 다음 지정 위치에서 주워 2코 고무뜨기를 원형으로 뜬다. 마지막은 2코 고무뜨기 코막음을 한 뒤 테두리뜨기 d로 뜬다.

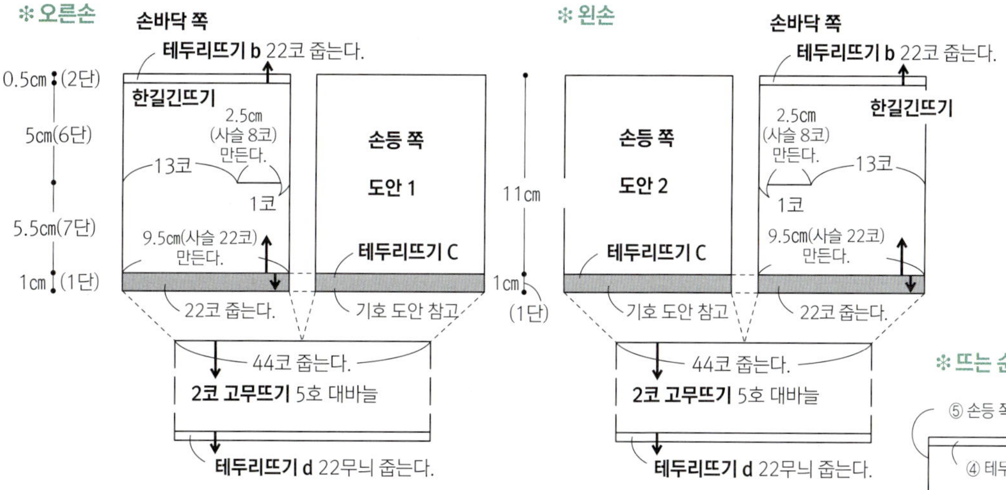

※ 오른손

손바닥 쪽
테두리뜨기 b 22코 줍는다.

0.5cm (2단)
5cm(6단)
5.5cm(7단)
1cm (1단)

한길긴뜨기
2.5cm (사슬 8코) 만든다.
13코
1코
9.5cm(사슬 22코) 만든다.
22코 줍는다.

손등 쪽
도안 1
테두리뜨기 C
기호 도안 참고

44코 줍는다.
2코 고무뜨기 5호 대바늘
테두리뜨기 d 22무늬 줍는다.

※ 왼손

손바닥 쪽
테두리뜨기 b 22코 줍는다.

11cm
1cm (1단)

손등 쪽
도안 2
테두리뜨기 C
기호 도안 참고

한길긴뜨기
2.5cm (사슬 8코) 만든다.
13코
1코
9.5cm(사슬 22코) 만든다.
22코 줍는다.

44코 줍는다.
2코 고무뜨기 5호 대바늘
테두리뜨기 d 22무늬 줍는다.

※ 손등 쪽 모티프 외에는 옅은 민트그린색으로 뜬다.
※ 2코 고무뜨기 외에는 3/0호 코바늘로 뜬다.

※ 뜨는 순서와 완성 방법

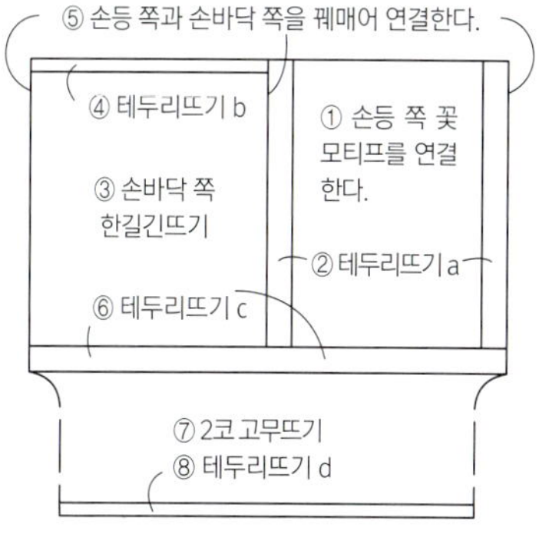

⑤ 손등 쪽과 손바닥 쪽을 꿰매어 연결한다.
④ 테두리뜨기 b
③ 손바닥 쪽 한길긴뜨기
⑥ 테두리뜨기 c
① 손등 쪽 꽃 모티프를 연결한다.
② 테두리뜨기 a
⑦ 2코 고무뜨기
⑧ 테두리뜨기 d

※ 꽃 모티프
모두 3/0호 코바늘

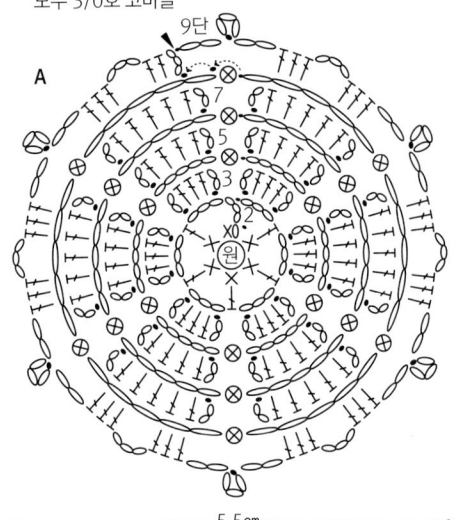

A

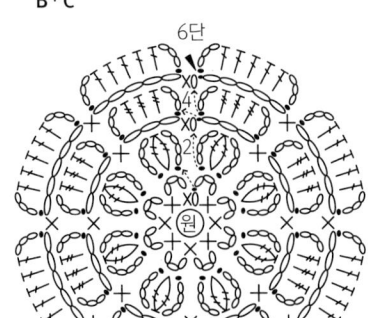

B·C

D·E·F

— 5.5cm —

A	연한 핑크색	2장

⊗ = 2단 전⊗안면의 다리를 줍는다.

— 4.5cm —

B	짙은 핑크색	1장
C	연한 민트그린색	1장

— 4.5cm —

D	연한 라벤더색	2장
E	라벤더색	2장
F	연한 민트그린색	1장

⊗ = 2단 전의 사슬뜨기를 줍는다.

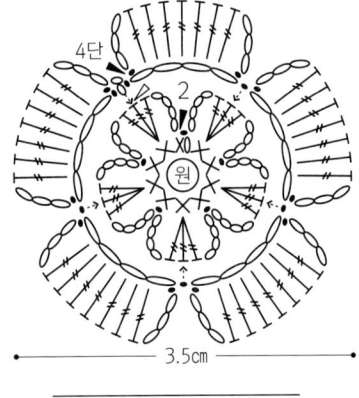

G

H·I·J·K

— 3.5cm —

G	연한 핑크색	1장

— 3.5cm —

H	엷은 핑크색	1장
I	연한 새먼핑크색	2장
J	짙은 핑크색	1장
K	연한 핑크색	1장

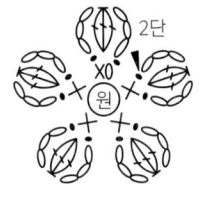

L·M·N·O·P

— 2.5cm —

L	연한 라벤더색	3장
M	라벤더색	2장
N	연한 민트그린색	2장
O	짙은 핑크색	2장
P	엷은 핑크색	1장

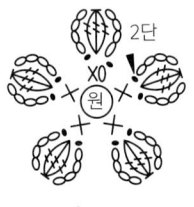

Q·R

— 2.5cm —

Q	연한 핑크색	2장
R	엷은 핑크색	2장

※ 오른손 손바닥 쪽

※ 왼손은 ★에 실을 달아서 좌우대칭으로 사슬 8코를 뜬다.

※ 오른손 손등 쪽 모티프 배치도와 테두리뜨기 a

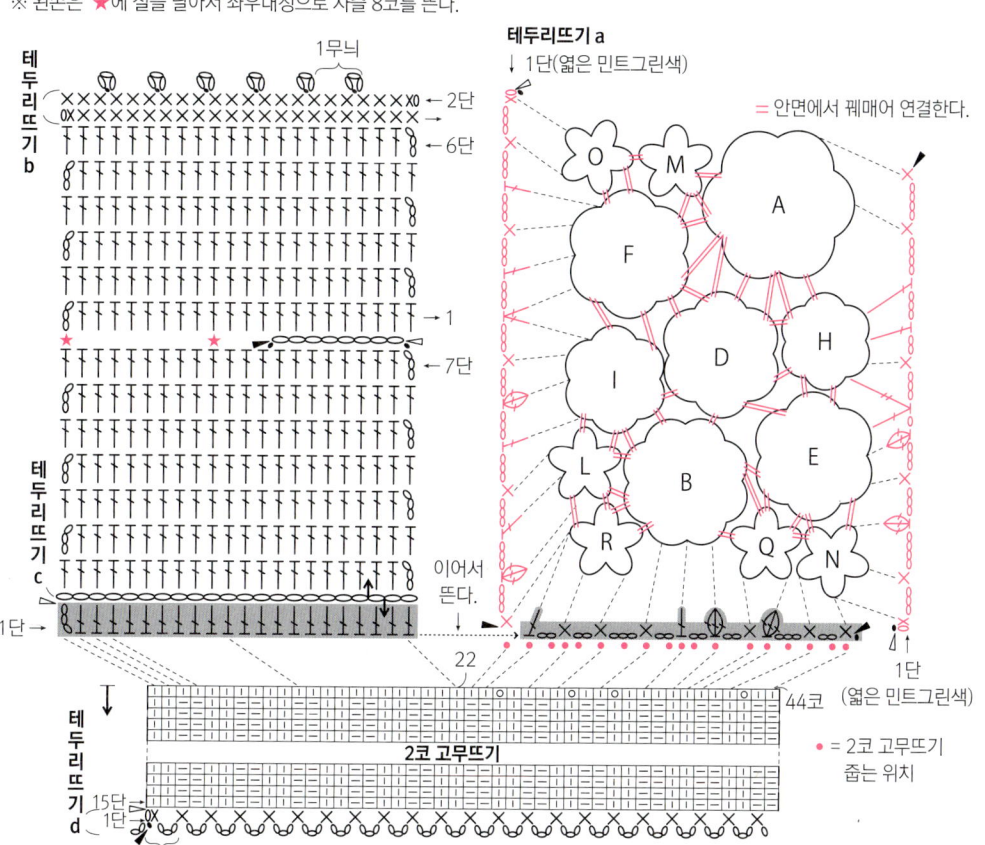

테두리뜨기 a

↓ 1단(엷은 민트그린색)

= 안면에서 꿰매어 연결한다.

테두리뜨기 b

테두리뜨기 c

1무늬

2단
6단
1
7단
이어서
뜬다.
22

테두리뜨기 d

44코

15단
1단
1무늬

1단(엷은 민트그린색)

● = 2코 고무뜨기 줍는 위치

2코 고무뜨기

※ 기호의 명칭

- ○ = 사슬뜨기
- ✕ = 짧은뜨기
- ● = 빼뜨기
- ┬ = 긴뜨기
- ┼ = 한길긴뜨기
- ╪ = 두길긴뜨기
- = 두길긴뜨기 2코 구슬뜨기
- = 한길긴뜨기 · 두길긴뜨기 3코 구슬뜨기

- = 두길긴뜨기 2코 늘려뜨기
- = 두길긴뜨기 3코 늘려뜨기
- = 한길긴뜨기 2코 모아뜨기
- = 사슬 3코 피코뜨기
- Ⅰ = 겉뜨기
- − = 안뜨기
- ○ = 걸기코
- ◁ = 실을 단다
- ◀ = 실을 자른다

※ 왼손 손등 쪽 모티프 배치도와 테두리뜨기

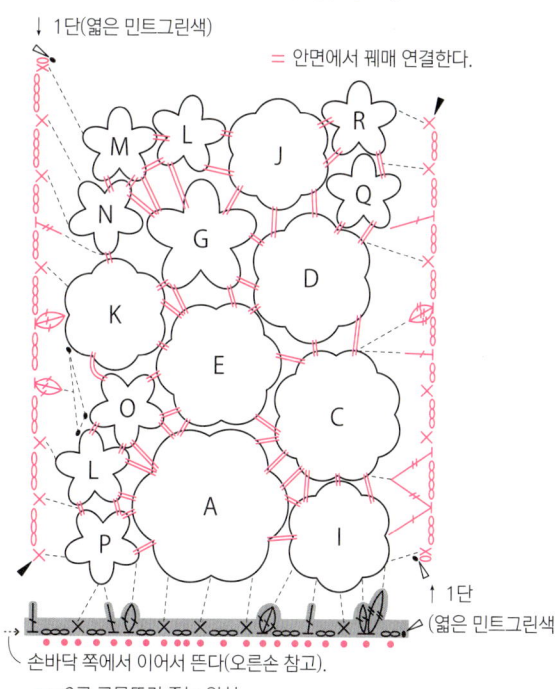

↓ 1단(엷은 민트그린색)

= 안면에서 꿰매 연결한다.

1단

1단
(엷은 민트그린색)

손바닥 쪽에서 이어서 뜬다(오른손 참고).

● = 2코 고무뜨기 줍는 위치

FLOWER POINT SOCKS 꽃 포인트 양말(비침무늬)

60p

재료

실 본체 유자와야 먼셀 메리노 레인보우(병태사)[1타래 40g] 연한 핑크색(2) 85g
꽃 모티프 먼셀 메리노 퀸(중세사)[1타래 40g] 연한 핑크색(1003) 10g

바늘 4호(3.3㎜) 대바늘 4개, 3/0호 코바늘

완성 치수 발바닥 길이 23㎝, 발목 둘레 20㎝, 발목 길이 19.5㎝

게이지(사방 10㎝) 무늬뜨기: 24코 · 32단

만드는 법 **POINT** 실은 1가닥으로 뜬다. 본체는 레인보우(병태사), 모티프는 퀸(중세사)으로 뜬다.

1 일반적인 방법으로 코를 만들고 대바늘 3개에 코를 나누어 원형으로 뜬다. 무늬뜨기로 입구에서 발목까지 뜨고 발등 쪽의 코는 쉰다.

2 발뒤꿈치를 왕복으로 되돌아뜨기한다.

3 쉼코를 대바늘에 되돌려서 다시 원형으로 뜨는데 바닥 쪽은 메리야스뜨기로 뜬다. 발끝은 2코 모아뜨기로 코를 줄이면서 뜨고 마지막은 메리야스 잇기(152쪽 참고)로 연결한다.

4 꽃 모티프를 뜨고 지정 위치에 단다.

❋ **본체**(4호 대바늘)

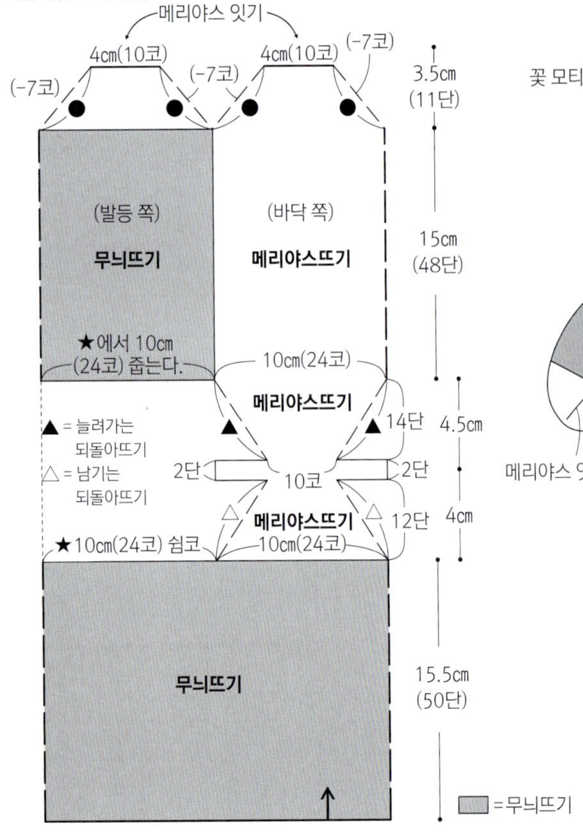

메리야스 잇기

4㎝(10코) 4㎝(10코)
(-7코) (-7코) (-7코) (-7코)

3.5㎝
(11단)

(발등 쪽)
무늬뜨기

(바닥 쪽)
메리야스뜨기

15㎝
(48단)

★에서 10㎝
(24코) 줍는다.

10㎝(24코)
메리야스뜨기

14단 4.5㎝

▲ = 늘려가는
되돌아뜨기
△ = 남기는
되돌아뜨기

▲ ▲

2단 **메리야스뜨기** 2단

10코

12단 4㎝

★10㎝(24코) 쉼코 10㎝(24코)

무늬뜨기

15.5㎝
(50단)

■ =무늬뜨기

20㎝(48코) 만들고 원형으로 뜬다.

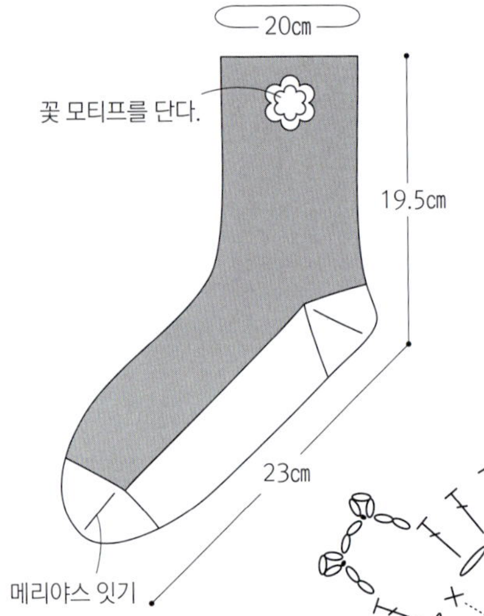

20㎝

꽃 모티프를 단다.

19.5㎝

23㎝

메리야스 잇기

❋ **꽃 모티프**
2장 (3/0호 코바늘)

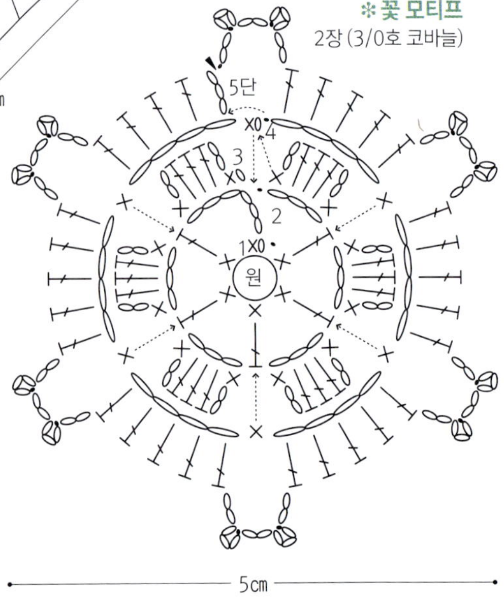

5단
X0 4
3
X0
2
1X0
원

5㎝

150

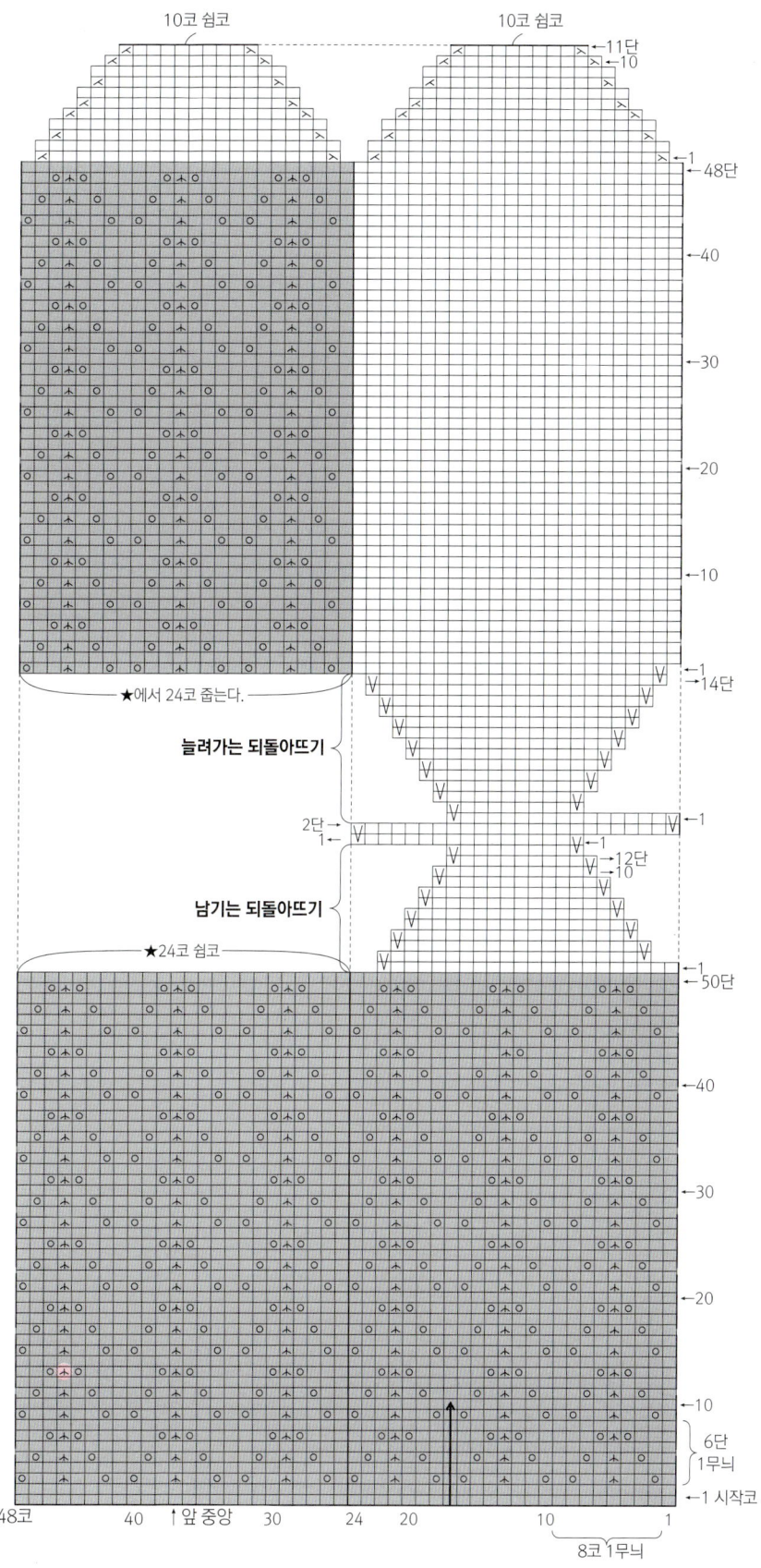

※ 비침무늬 양말 기호 도안(왼발)

10코 쉼코   10코 쉼코

←11단
←10

←1   ←48단

←40

←30

←20

←10

←1   ←14단

★에서 24코 줍는다.

늘려가는 되돌아뜨기

2단 ←
1

←1
←12단
←10

남기는 되돌아뜨기

★24코 쉼코

←1   ←50단

←40

←30

←20

←10

6단
1무늬

←1 시작코

48코   40   ↑앞 중앙   30   24   20   10   1

8코 1무늬

※ 기호의 명칭

☐ · │ = 겉뜨기

○ = 걸기코

人 = 중심 3코 모아뜨기

V = 걸러뜨기(되돌아뜨기)

⅄ = 오른코 겹쳐 2코 모아뜨기

⅄ = 왼코 겹쳐 2코 모아뜨기

○ = 사슬뜨기

● = 빼뜨기

✕ = 짧은뜨기

┳ = 한길긴뜨기

◎ = 사슬 3코 피코뜨기

◀ = 실을 자른다

● = 꽃 모티프 다는 위치(오른발은 대칭으로 달기)

FLOWER POINT SOCKS 꽃 포인트 양말(꽃무늬)

61p

재료

실 본체 유자와야 먼셀 메리노 레인보우(병태사)[1타래 40g] 오프화이트색(143) 80g, 빨간색(10) 30g

자수실 앵커 아트 4238(타피스리 울)[1타래 10m] 빨간색(8200)・핑크색(8452)・파란색(8626)
・연녹색(9116) 각 1타래, 노란색(8094) 0.5타래

바늘 4호(3.3㎜), 3호(3.0㎜) 대바늘 4개

완성 치수 발바닥 길이 23㎝, 발목 둘레 19㎝, 발목 길이 22㎝

게이지(사방 10㎝) 무늬뜨기・메리야스뜨기: 24코・32단

만드는 법 POINT 실은 1가닥으로 뜬다.

1 일반적인 방법으로 코를 만들고 대바늘 3개에 코를 나누어 원형으로 뜬다. 입구에서 9단까지 오프화이트색으로 메리야스뜨기를 하고 이어서 배색무늬로 발목까지 뜬다. 발등 쪽의 코는 쉰다.

2 발뒤꿈치는 빨간색으로 뜬다. 왕복으로 되돌아뜨기하면서 메리야스뜨기를 한다.

3 쉼코를 대바늘에 되돌려서 다시 원형으로 배색무늬와 메리야스뜨기로 뜬다.

4 발끝은 2코 모아뜨기로 코를 줄이면서 빨간색으로 뜬다. 마지막은 메리야스 잇기로 연결한다.

5 지정 배색대로 ☆ 부분에 메리야스자수를 한다. ★ 부분은 ☆과 위아래 대칭으로 수를 놓는다.

6 시작코에서 코를 주워 입구에 1코 고무뜨기를 하고 마지막은 1코 고무뜨기 코막음을 한다.

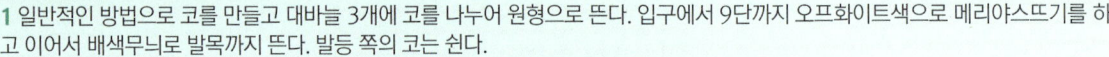

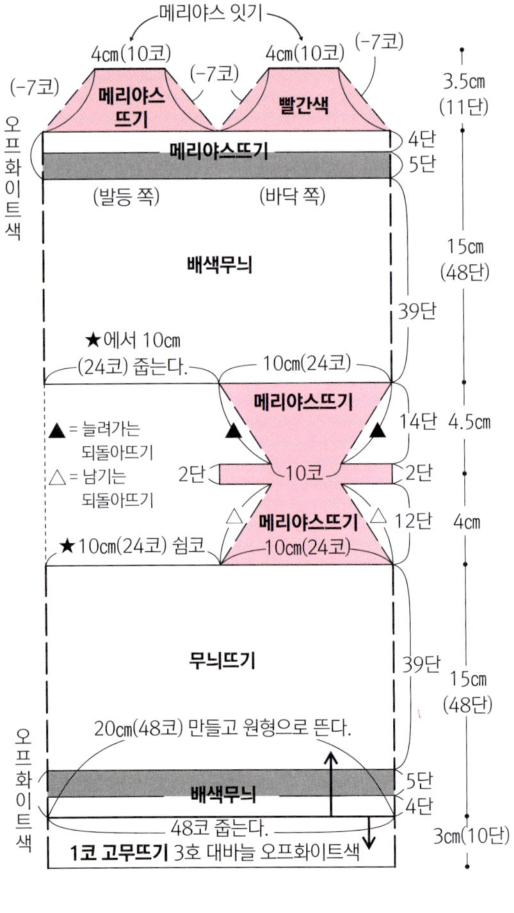

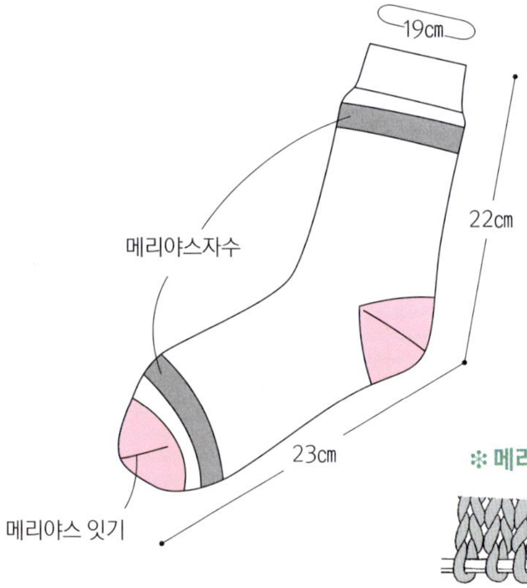

※ 메리야스 잇기

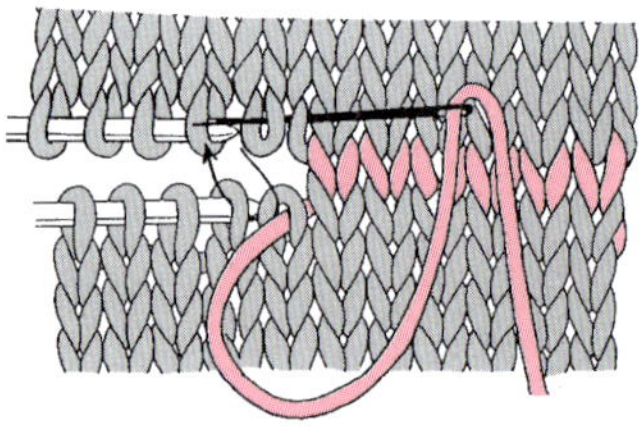

코와 코를 맞대고 뒤쪽은 V자 모양,
앞쪽은 八자 모양으로 실을 뜬다.

■ =빨간색으로 메리야스뜨기
■ =오프화이트색으로 뜨고 메리야스자수(기호 도안 참고)
※ 지정한 것 외에는 4호 대바늘로 뜬다.

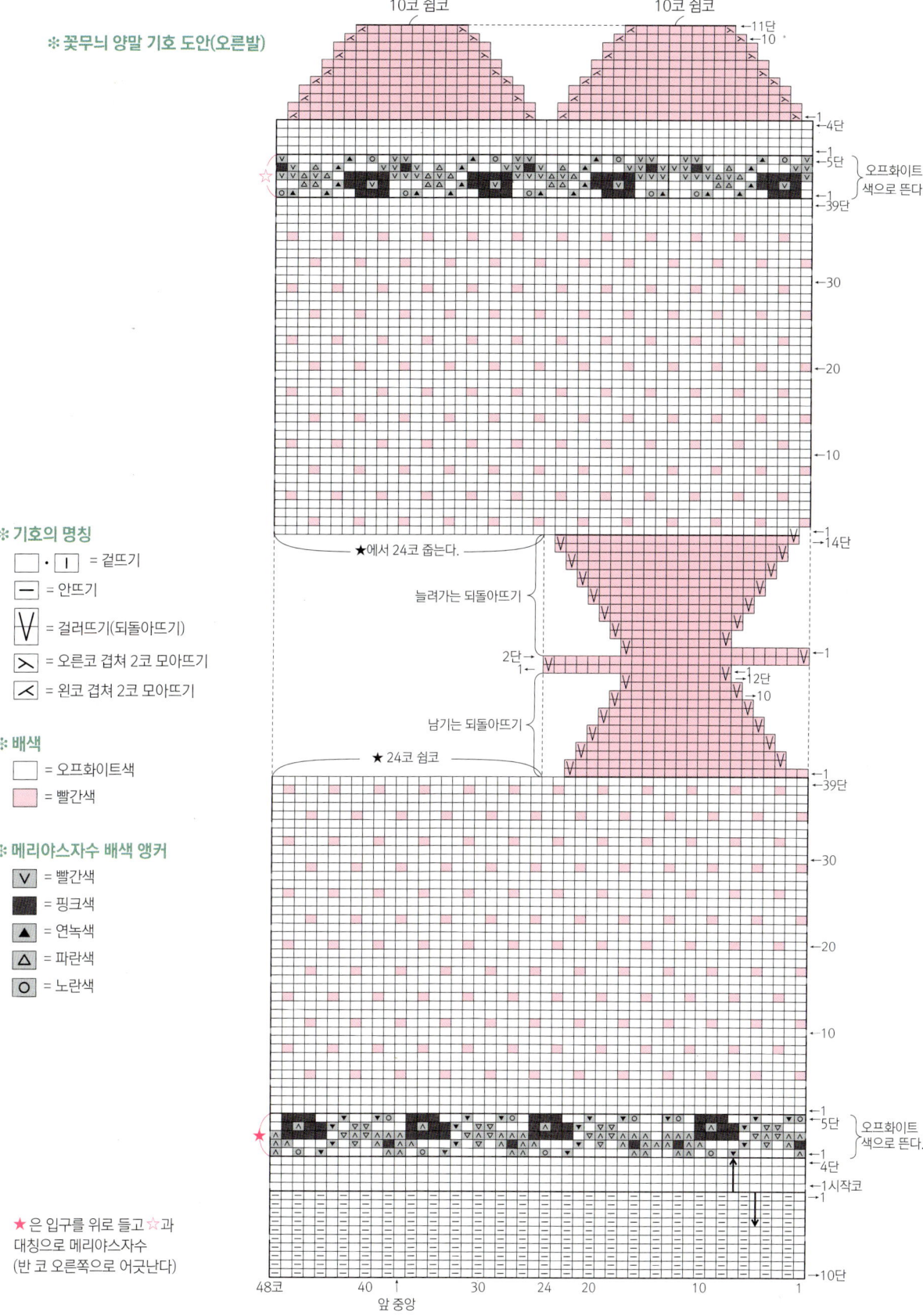

※ 꽃무늬 양말 기호 도안(오른발)

10코 쉼코   10코 쉼코

←11단
←10
←1←4단
←1←5단   오프화이트
색으로 뜬다.
←39단

←30
←20
←10

★에서 24코 줍는다.
늘려가는 되돌아뜨기
2단→
1→
남기는 되돌아뜨기
★24코 쉼코

←14단
←1
←12단
←10
←1
←1
←39단
←30
←20
←10

※ 기호의 명칭

□ · │ = 겉뜨기
─ = 안뜨기
Ⅴ = 걸러뜨기(되돌아뜨기)
⟋ = 오른코 겹쳐 2코 모아뜨기
⟍ = 왼코 겹쳐 2코 모아뜨기

※ 배색

□ = 오프화이트색
■ = 빨간색

※ 메리야스자수 배색 앵커

Ⅴ = 빨간색
■ = 핑크색
▲ = 연녹색
△ = 파란색
○ = 노란색

←1
←5단   오프화이트
색으로 뜬다.
←1
←4단
←1시작코
←1

★ 은 입구를 위로 들고 ☆과
대칭으로 메리야스자수
(반 코 오른쪽으로 어긋난다)

48코   40   30   24   20   10   1
앞 중앙
←10단

FRILL COLLAR 미니 꽃 장식 칼라 62p-63p

재료

실 본체 유자와야 에페소(중세사)[1타래 30g] 베이지색(29) 90g
꽃 먼셀 메리노 퀸(중세사)[1타래 40g] 빨간색(1005)·머스터드색(1020)·민트그린색(1032)·
잉크블루색(1040)·라벤더색(1050)·핑크색(1057)·장미색(1058) 각 소량
끈·잎 먼셀 메리노 레인보우(병태사)[1타래 40g] 담녹색(55) 15g

바늘 7/0호, 5/0호, 3/0호 코바늘　　**완성 치수** 길이 91cm, 폭 20cm

게이지(사방 10cm) 무늬뜨기: 2무늬(5cm)·8.5단

만드는 법　POINT 실은 1가닥으로 뜬다.

1 본체의 무늬뜨기는 사슬뜨기로 코를 만들어 뜨기 시작해 65단을 뜬다. 이어서 테두리뜨기를 하는데 1단은 무늬뜨기에서 묶음으로 주워(194쪽 참고) 뜬다.

2 꽃을 뜨고 테두리뜨기 5단의 지정 위치에 단다.

3 끈을 떠서 본체의 지정 위치에 끼우고 끝에 잎과 꽃을 단다.

❊ **꽃**(3/0호 코바늘)

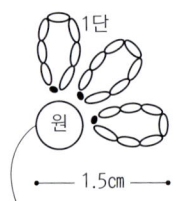

1단
원
━ 2.5cm ━

❊ **꽃술**(3/0호 코바늘)

1단
원
━ 1.5cm ━

실 고리를 조이고 실 끝으로
꽃 중앙에 단다.

❊ **꽃 배색**

	꽃	꽃술
A 6장	핑크색	빨간색
B 4장	장미색	머스터드색
C 6장	라벤더색	머스터드색
D 6장	민트그린색	잉크블루색

❊ **본체**
7/0호 코바늘
베이지색

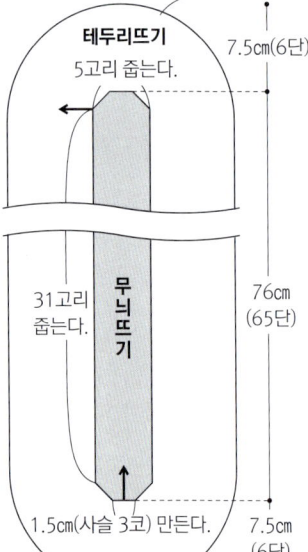

한 바퀴 72무늬

테두리뜨기
5고리 줄는다.

7.5cm(6단)

31고리
줄는다.

무늬뜨기

76cm
(65단)

1.5cm(사슬 3코) 만든다.

7.5cm
(6단)

━ 7.5cm ━ 5cm ━ 7.5cm ━
(6단)　(2무늬)　(6단)

❊ **끈** 1개(담녹색, 5/0호 코바늘)

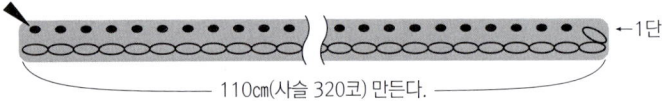

1단

110cm(사슬 320코) 만든다.

❊ **끈 끝의 잎** 각 1장(담녹색, 5/0호 코바늘)

소

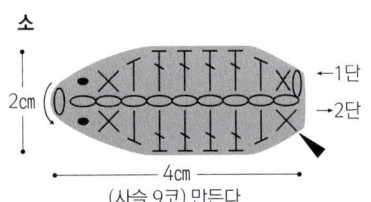

2cm

←1단
←2단

━ 4cm ━
(사슬 9코) 만든다.

대

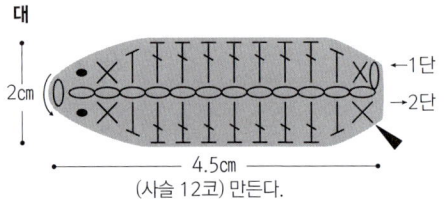

2cm

←1단
←2단

━ 4.5cm ━
(사슬 12코) 만든다.

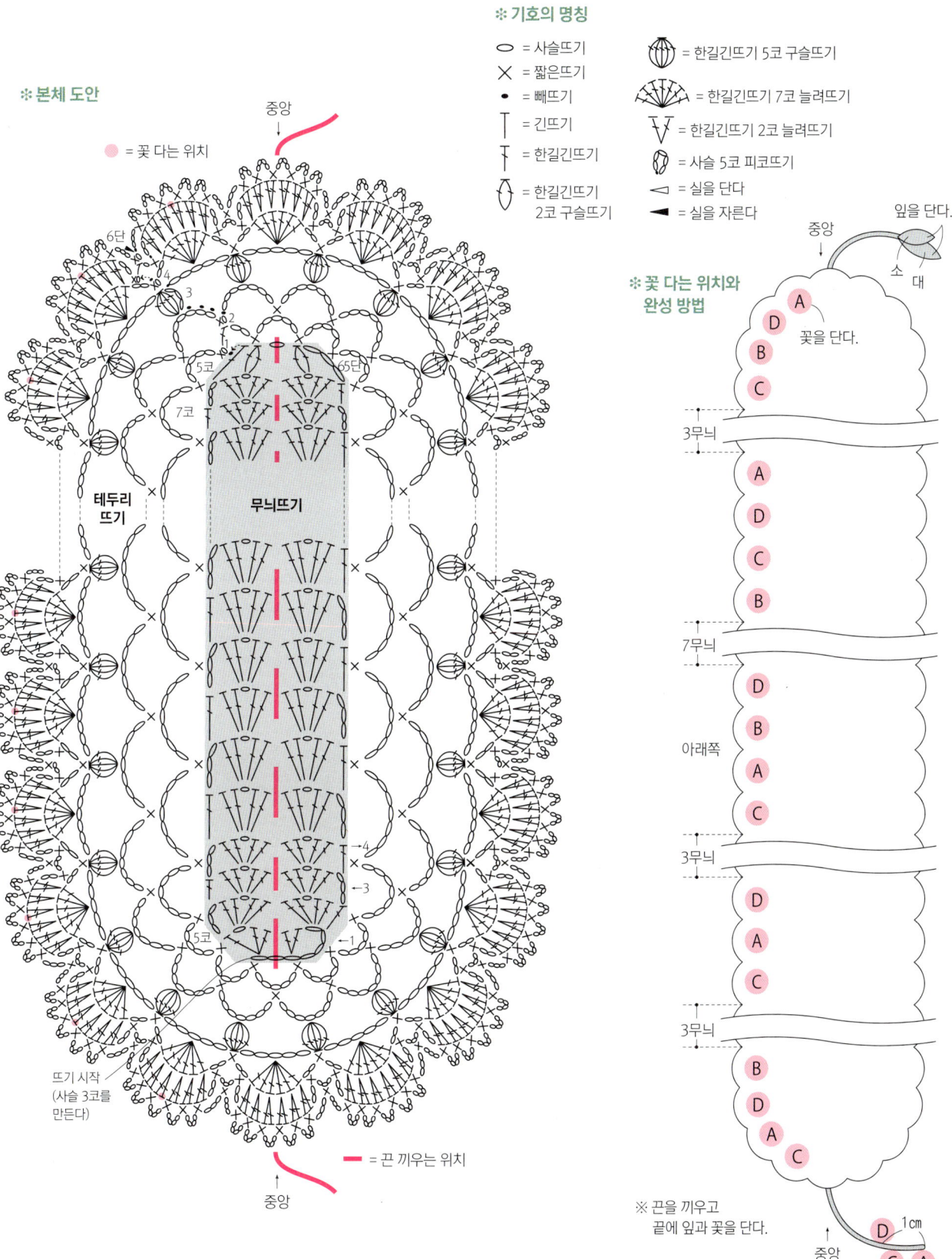

※ 본체 도안

※ 기호의 명칭

○ = 사슬뜨기
✕ = 짧은뜨기
• = 빼뜨기
T = 긴뜨기
= 한길긴뜨기
= 한길긴뜨기 2코 구슬뜨기

= 한길긴뜨기 5코 구슬뜨기
= 한길긴뜨기 7코 늘려뜨기
= 한길긴뜨기 2코 늘려뜨기
= 사슬 5코 피코뜨기
= 실을 단다
= 실을 자른다

※ 꽃 다는 위치와 완성 방법

● = 꽃 다는 위치
━ = 끈 끼우는 위치

중앙
테두리 뜨기
무늬뜨기
뜨기 시작 (사슬 3코를 만든다)
중앙

중앙 / 잎을 단다. / 소 대
꽃을 단다.
3무늬
7무늬
아래쪽
3무늬
3무늬
1cm
중앙

※ 끈을 끼우고 끝에 잎과 꽃을 단다.

DOG NECKLACE & LEGWARMERS 강아지 목걸이와 레그 워머

 64-65p

재료 **강아지 목걸이**

실 본체·잎 유자와야 먼셀 메리노 레인보우(병태사)[1타래 40g] 녹색(59) 15g
꽃 모티프 앵커 아트 4238(타피스리 울)[1타래 10m] 옅은 핑크색(8392)·밝은 핑크색(8434)·보랏빛 핑크색(8456) 각 1타래, 짙은 노란색(8118) 0.5타래

바늘 4/0호, 5/0호 코바늘   **완성 치수** 길이 46cm, 폭 3cm

만드는 법   **POINT** 실은 1가닥으로 뜬다.

1 본체는 사슬뜨기로 코를 만들어 뜬다.

2 꽃은 실 고리로 코를 만들어 뜨기 시작한다. 잎과 꽃을 지정 위치에 단다.

재료 **레그 워머**

실 본체 유자와야 라이트 모헤어[1타래 20g] 회색(101) 75g
모티프·가지 먼셀 메리노 레인보우(병태사)[1타래 40g] 녹색(59) 10g, 앵커 아트 4238(타피스리 울)[1타래 10m] 옅은 핑크색(8392) 2타래, 밝은 핑크색(8434)·보랏빛 핑크색(8456) 각 1타래, 짙은 노란색(8118) 0.5타래

바늘 5/0호 코바늘   **완성 치수** 둘레 28cm, 길이 34cm   **게이지(사방 10cm)** 무늬뜨기: 23코·12단

만드는 법

1 본체는 사슬뜨기로 코를 만들어 왕복뜨기로 38단을 뜨고, 겉끼리 맞댄 뒤 감아서 꿰매기로 원통형을 만든다.

2 테두리뜨기 a·b를 원형으로 뜬다. 가지 a는 입구 쪽을 앞쪽으로 잡고 지정 위치에 뜬다.

3 꽃 모티프 대를 뜨고 소·중·꽃술을 강아지 목걸이와 동일하게 떠서 겹친다. 가지 b·c와 꽃 모티프를 본체에 단다.

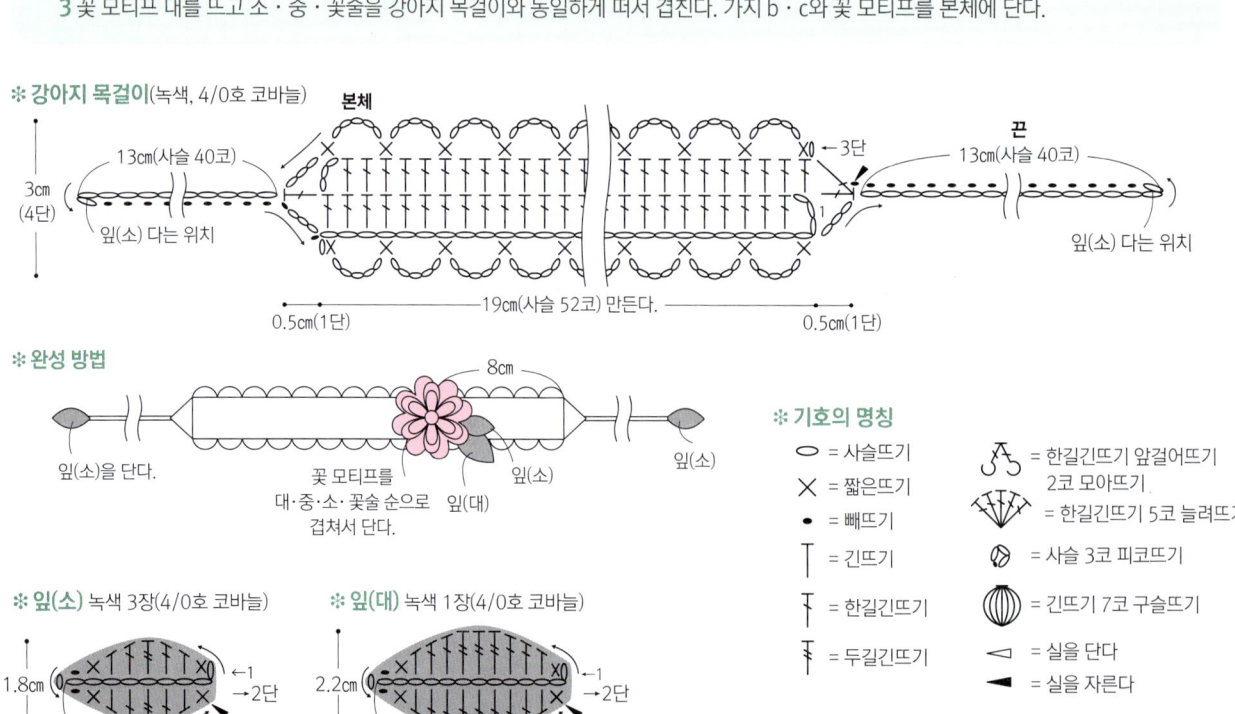

※ 강아지 목걸이(녹색, 4/0호 코바늘)

본체

3cm (4단)   13cm(사슬 40코)   잎(소) 다는 위치   0.5cm(1단)   19cm(사슬 52코) 만든다.   0.5cm(1단)

끈   13cm(사슬 40코)   ←3단   1   잎(소) 다는 위치

※ 완성 방법

8cm

잎(소)을 단다.   꽃 모티프를 대·중·소·꽃술 순으로 겹쳐서 단다.   잎(소)   잎(대)   잎(소)

※ 기호의 명칭

기호	명칭
⬭	= 사슬뜨기
✕	= 짧은뜨기
•	= 빼뜨기
┬	= 긴뜨기
╪	= 한길긴뜨기
╪	= 두길긴뜨기
⋀	= 한길긴뜨기 앞걸어뜨기 2코 모아뜨기
⋔	= 한길긴뜨기 5코 늘려뜨기
◇	= 사슬 3코 피코뜨기
⬮	= 긴뜨기 7코 구슬뜨기
◁	= 실을 단다
◀	= 실을 자른다

※ 잎(소) 녹색 3장(4/0호 코바늘)

1.8cm   ←1   2단   뜨기 시작   ←3.5cm(사슬 8코)→ 만든다.

※ 잎(대) 녹색 1장(4/0호 코바늘)

2.2cm   ←1   2단   뜨기 시작   ←4.5cm(사슬 12코)→ 만든다.

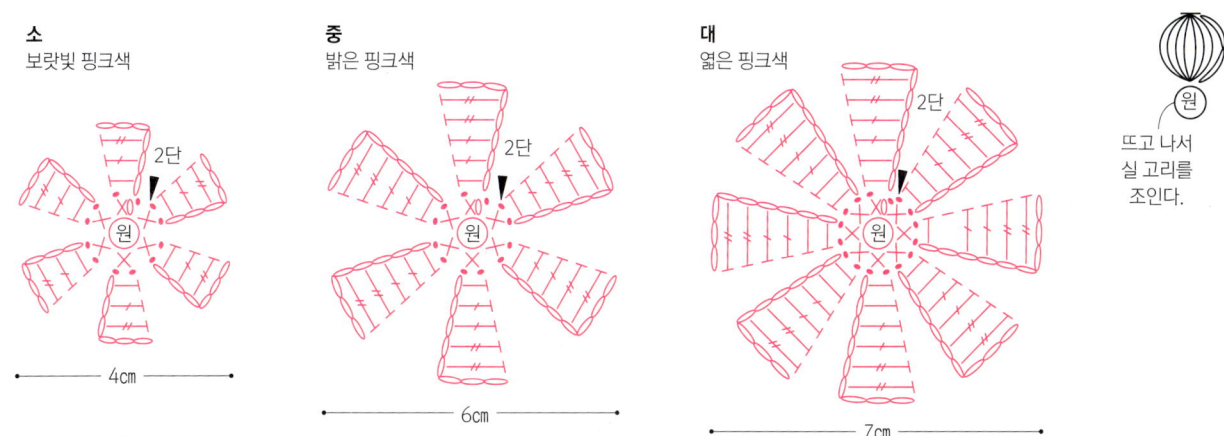

❉ 꽃 모티프 각 1장(5/0호 코바늘)   ❉ 꽃술 짙은 노란색

소
보랏빛 핑크색

중
밝은 핑크색

대
엷은 핑크색

뜨고 나서
실 고리를
조인다.

4cm

6cm

7cm

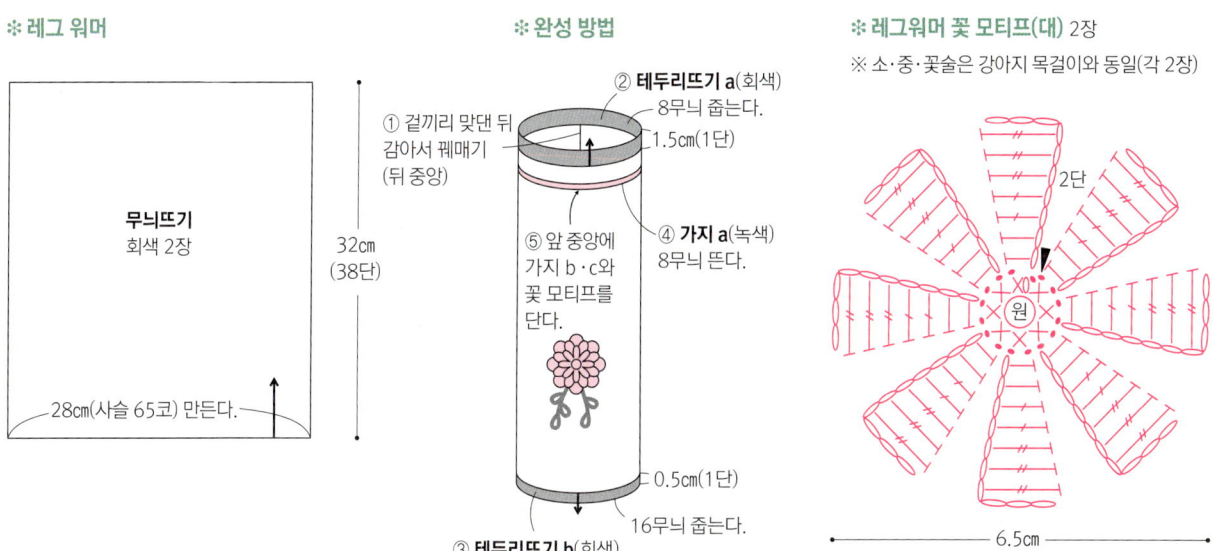

❉ 레그 워머

무늬뜨기
회색 2장

32cm
(38단)

28cm(사슬 65코) 만든다.

❉ 완성 방법

② 테두리뜨기 a(회색)
8무늬 줍는다.
1.5cm(1단)

① 겉끼리 맞댄 뒤
감아서 꿰매기
(뒤 중앙)

④ 가지 a(녹색)
8무늬 뜬다.

⑤ 앞 중앙에
가지 b·c와
꽃 모티프를
단다.

0.5cm(1단)

16무늬 줍는다.

③ 테두리뜨기 b(회색)

❉ 레그워머 꽃 모티프(대) 2장
※ 소·중·꽃술은 강아지 목걸이와 동일(각 2장)

2단

6.5cm

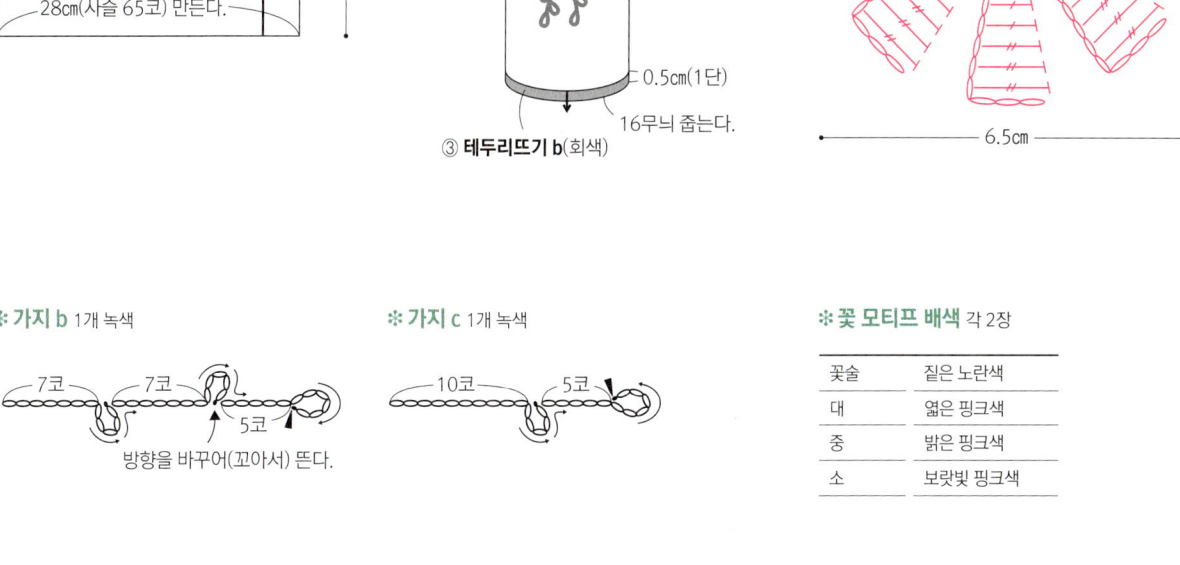

❉ 가지 b 1개 녹색

7코   7코

5코

방향을 바꾸어(꼬아서) 뜬다.

❉ 가지 c 1개 녹색

10코   5코

❉ 꽃 모티프 배색 각 2장

꽃술	짙은 노란색
대	엷은 핑크색
중	밝은 핑크색
소	보랏빛 핑크색

⊗ = ↰ 위치를 주워 짧은뜨기를 뜬다.

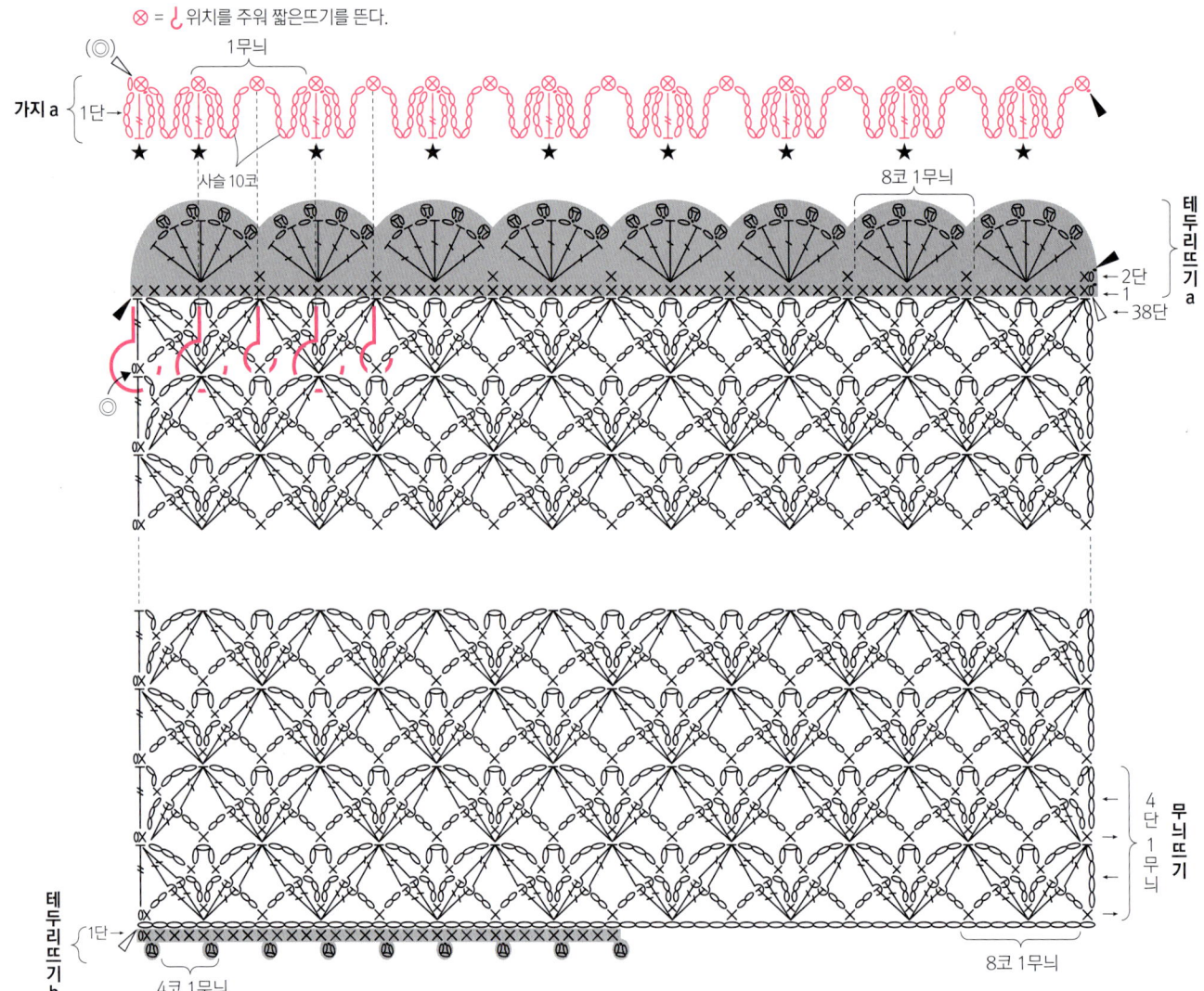

1무늬

가지 a 1단→

★ ★ ★ ★ ★ ★ ★ ★

사슬 10코

8코 1무늬

테두리뜨기 a

←2단
←1
←38단

4단 1무늬 무늬뜨기

8코 1무늬

테두리뜨기 b 1단→

4코 1무늬

HEADBAND & DOG ONE-PIECE 헤어밴드와 강아지 원피스

재료 **헤어밴드**

실 유자와야 먼셀 메리노 레인보우(병태사)[1타래 40g] 빨간색(11)・핑크색(124) 각 10g, 노란색(46)・라이트그린색(58)・터쿼이즈블루색(80)・라벤더색(113)・회색(146) 각 5g

바늘 5호(3.6mm) 대바늘 4개, 4/0호 코바늘　**완성 치수** 머리둘레 40㎝, 폭 10㎝

게이지(사방 10㎝) 2코 고무뜨기 줄무늬: 37코・31단

만드는 법 **POINT** 실은 1가닥으로 뜬다.

1 일반적인 방법으로 148코를 만들고 대바늘 3개에 코를 균등하게 나누어 원형으로 뜬다. 지정 단수에서 색을 바꾸며 2코 고무뜨기 줄무늬로 31단을 뜬다. 마지막은 2코 고무뜨기로 코막음을 한다.

2 꽃 모티프는 191쪽을 참고해 7단을 뜬 다음 헤어밴드의 7단에 단다.

재료 **강아지 원피스**

실 유자와야 먼셀 메리노 레인보우(병태사)[1타래 40g] 핑크색(124) 50g, 빨간색(11) 30g, 노란색(46)・라이트그린색(58)・터쿼이즈블루색(80)・라벤더색(113)・회색(146) 각 8g

바늘 7호(4.2mm)・6호(3.9mm)・5호(3.6mm)・3호(3.0mm) 대바늘 4개, 4/0호 코바늘　**완성 치수** 몸통 둘레 35㎝, 길이 30.5㎝

게이지(사방 10㎝) 메리야스뜨기: 23코・32.5단, 2코 고무뜨기: 25코・33단

만드는 법 **POINT** 실은 1가닥으로 뜬다.

1 뒤쪽 스커트는 일반적인 방법으로 116코를 만들고, 지정 단수에서 색을 바꾸며 메리야스뜨기 줄무늬로 30단을 뜬다. 이어서 뒤 몸판을 핑크색으로 뜨는데, 1단에서 코를 줄여서 메리야스뜨기와 꽈배기뜨기를 증감 없이 46단 뜬다. 이어서 어깨는 코를 줄이며 16단을 뜨고 마지막 코는 쉰다.

2 앞 몸판은 일반적인 방법으로 28코를 만들고, 2코 고무뜨기를 증감 없이 78단을 뜬 다음 마지막 코는 쉰다.

3 옷깃은 앞뒤 몸판의 마지막 코를 대바늘 3개에 균등하게 나누어 원형으로 뜬다. 뒤 몸판은 4코, 앞 몸판은 양끝에서 2코를 줄여 전부 56코로 만들고 지정한 바늘로 바꾸며 2코 고무뜨기로 줄무늬를 뜬다. 마지막은 2코 고무뜨기 코막음을 한다.

4 꽃 모티프는 헤어밴드와 동일하게 떠서 뒤 몸판에 단다.

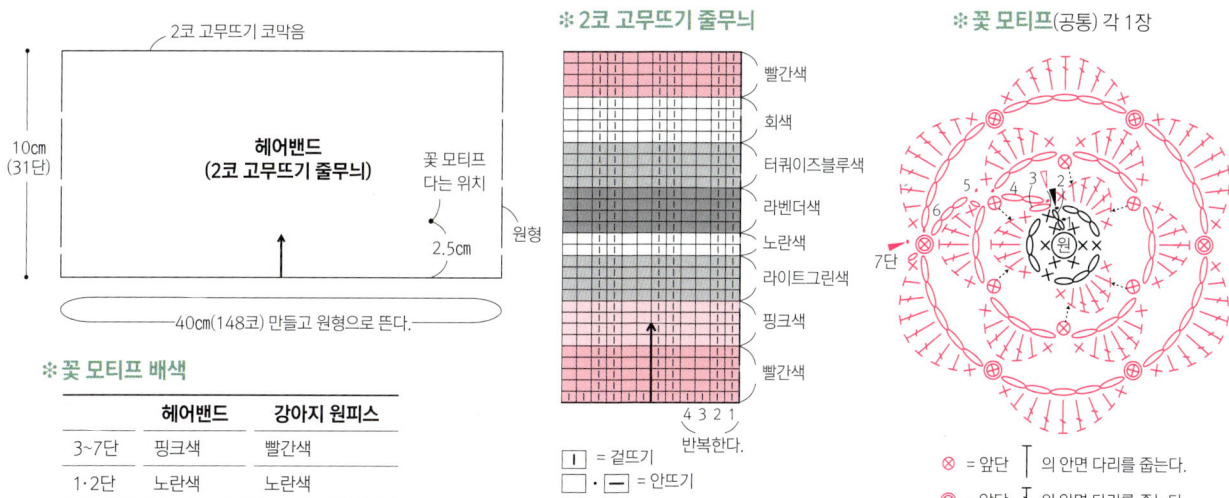

✻꽃 모티프 배색

	헤어밴드	강아지 원피스
3~7단	핑크색	빨간색
1・2단	노란색	노란색

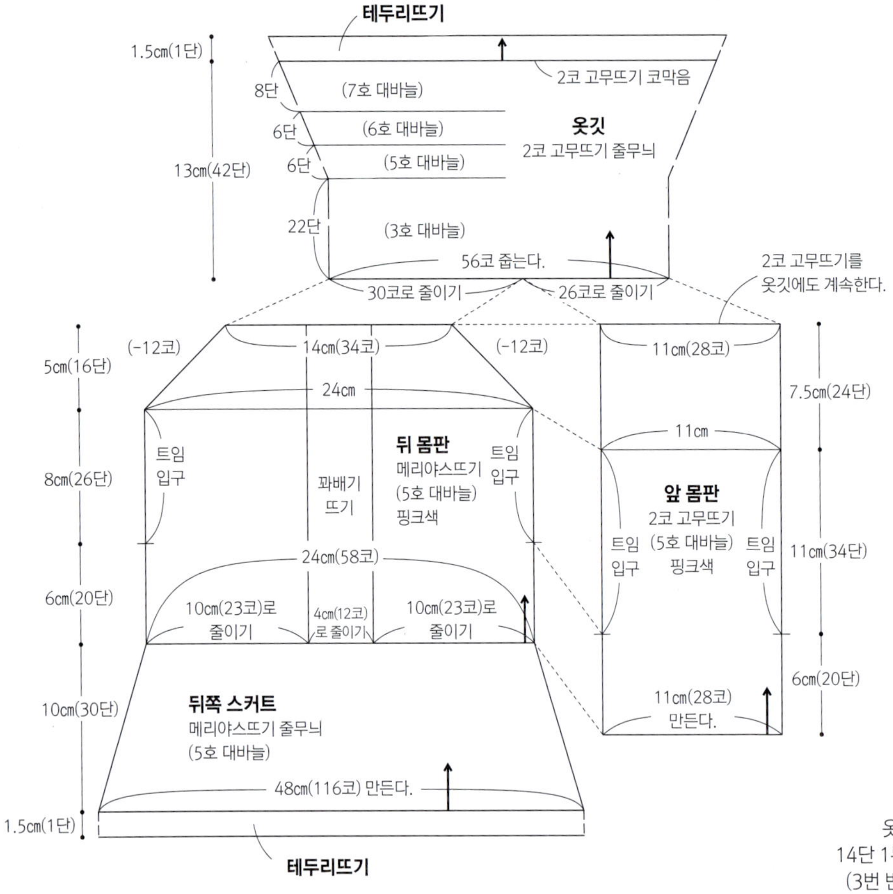

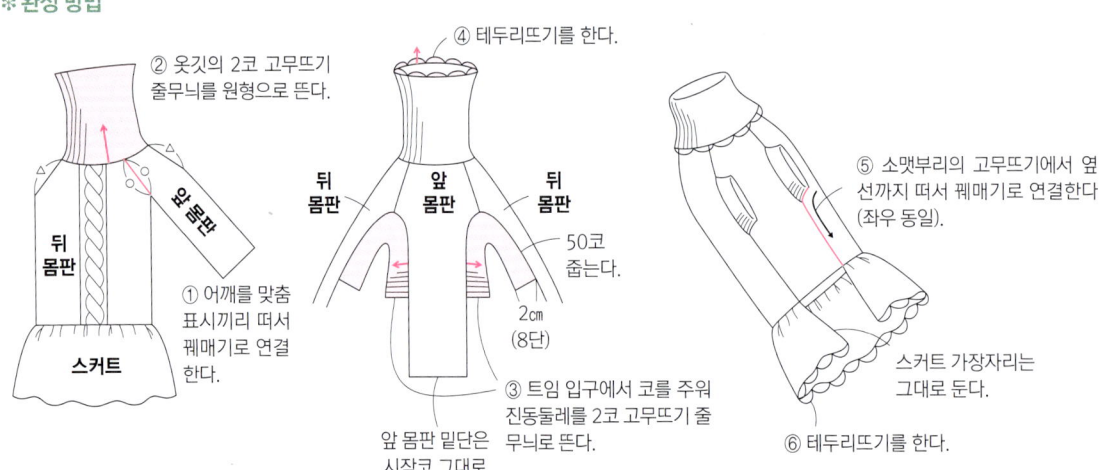

테두리뜨기

1.5cm(1단)

8단 (7호 대바늘) — 2코 고무뜨기 코막음

6단 (6호 대바늘)
6단 (5호 대바늘)

옷깃 2코 고무뜨기 줄무늬

13cm(42단)

22단 (3호 대바늘)

56코 줍는다.

30코로 줄이기　　26코로 줄이기

2코 고무뜨기를 옷깃에도 계속한다.

5cm(16단)　(-12코)　14cm(34코)　(-12코)　11cm(28코)　7.5cm(24단)

24cm

11cm

8cm(26단)

트임 입구

꽈배기 뜨기

뒤 몸판 메리야스뜨기 (5호 대바늘) 핑크색

트임 입구

앞 몸판 2코 고무뜨기 (5호 대바늘) 핑크색

트임 입구　트임 입구

11cm(34단)

6cm(20단)

24cm(58코)

10cm(23코)로 줄이기　4cm(12코)로 줄이기　10cm(23코)로 줄이기

10cm(30단)

뒤쪽 스커트 메리야스뜨기 줄무늬 (5호 대바늘)

6cm(20단)

11cm(28코) 만든다.

1.5cm(1단)

48cm(116코) 만든다.

테두리뜨기

※ 메리야스뜨기 줄무늬
스커트

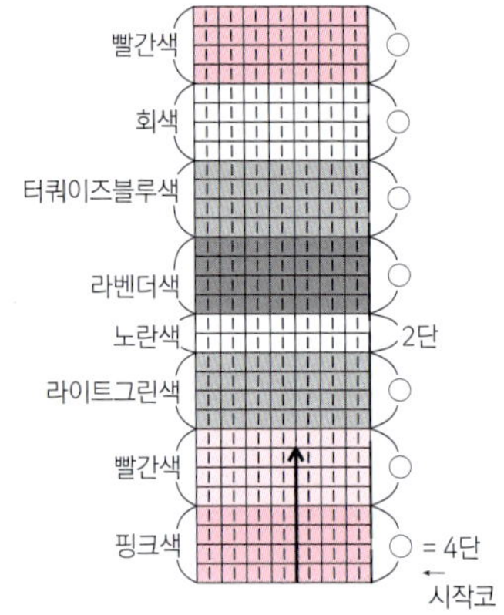

빨간색	○
회색	○
터쿼이즈블루색	○
라벤더색	○
노란색	○ 2단
라이트그린색	○
빨간색	○
핑크색	○ = 4단

시작코

※ 2코 고무뜨기 줄무늬
옷깃·진동 둘레

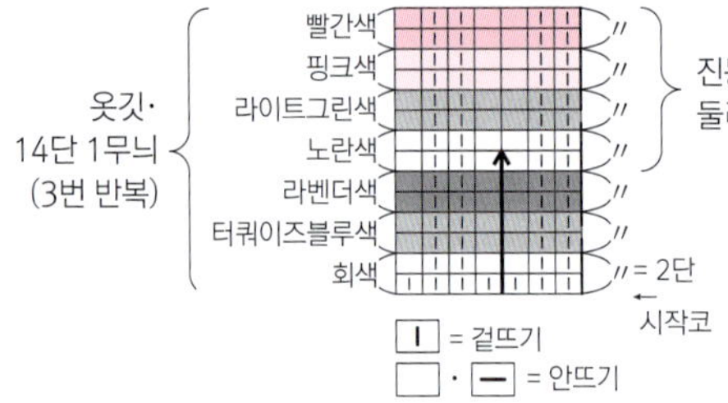

빨간색	//
핑크색	//
라이트그린색	// 진동 둘레
노란색	//
라벤더색	//
터쿼이즈블루색	//
회색	// = 2단

옷깃· 14단 1무늬 (3번 반복)

시작코

ㅣ = 겉뜨기
□ · ㅡ = 안뜨기

※ 완성 방법

② 옷깃의 2코 고무뜨기 줄무늬를 원형으로 뜬다.

뒤 몸판　앞 몸판

① 어깨를 맞춤 표시끼리 떠서 꿰매기로 연결한다.

스커트

④ 테두리뜨기를 한다.

뒤 몸판　앞 몸판　뒤 몸판

50코 줍는다.

2cm (8단)

③ 트임 입구에서 코를 주워 진동둘레를 2코 고무뜨기 줄무늬로 뜬다.

앞 몸판 밑단은 시작코 그대로

⑤ 소맷부리의 고무뜨기에서 옆선까지 떠서 꿰매기로 연결한다 (좌우 동일).

스커트 가장자리는 그대로 둔다.

⑥ 테두리뜨기를 한다.

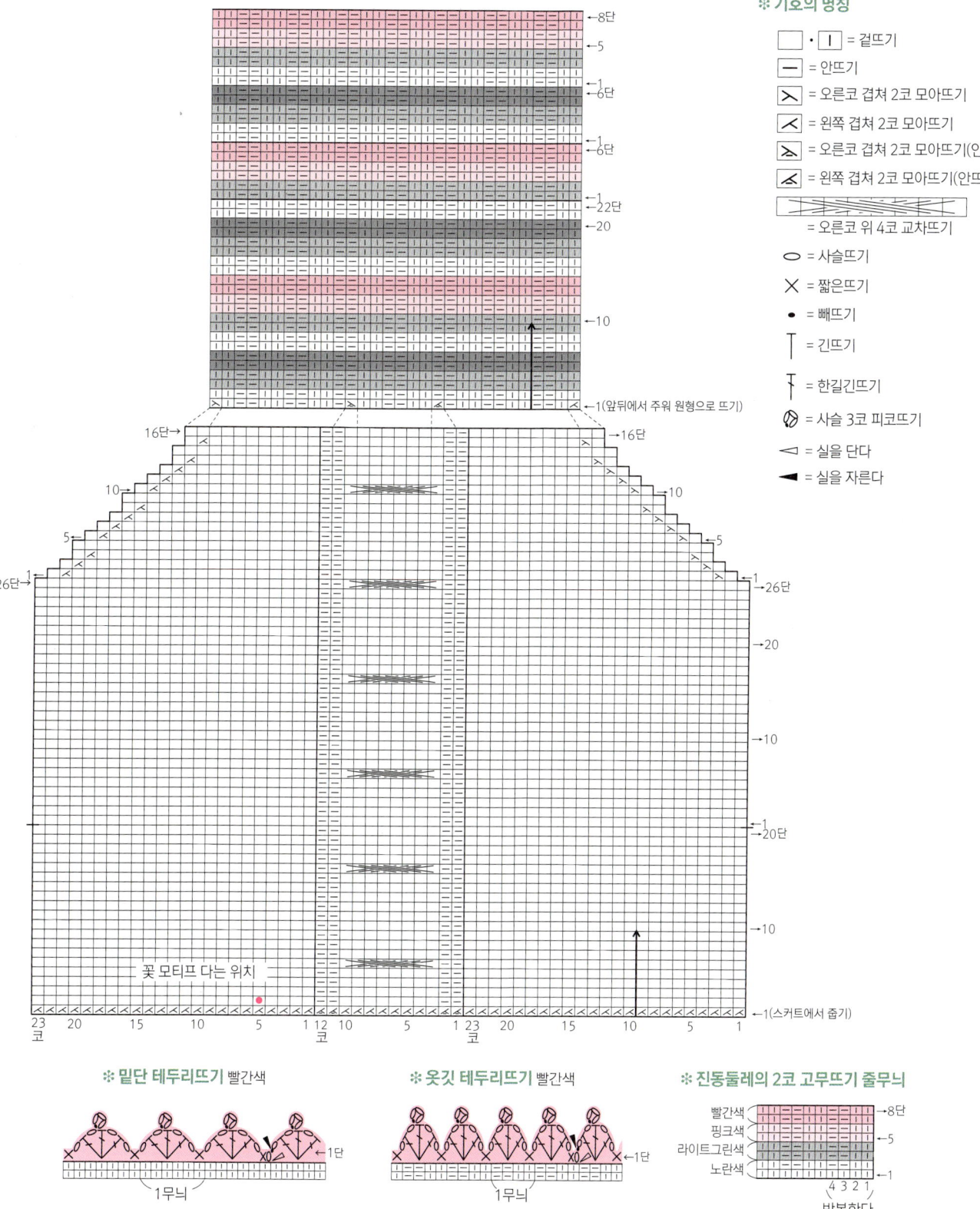

※ 뒤 몸판과 옷깃 기호 도안

※ 기호의 명칭

※ 밑단 테두리뜨기 빨간색

※ 옷깃 테두리뜨기 빨간색

※ 진동둘레의 2코 고무뜨기 줄무늬

MARCHE BAG 꽃이 만발한 마르셰 백

70-71p

재료

실 본체 유자와야 먼셀 메리노 레인보우(병태사)[1타래 40g] 베이지색(27) · 모카색(140) 각 70g, 에페소(중세사)[1타래 30g] 모카베이지색(29) 150g
모티프 앵커 아트 4238(타피스리 울)[1타래 10m] 짙은 빨간색(8202) 2.5타래, 연노란색(8092) · 에크뤼색(8006) 각 2타래, 짙은 핑크색(8454) · 밝은 녹색(9156) · 카키색(9202) 각 1.5타래, 파란색(8804) 1.2타래, 짙은 노란색(8118) · 민트그린색(8934) · 짙은 라벤더색(8590) 각 1타래, 연한 핑크색(8432) · 핑크색(8434) · 보랏빛 핑크색(8456) · 연보랏빛 핑크색(8486) · 노란색(8094) · 라이트그린색(9152) 각 0.5타래, 옅은 라벤더색(8586) · 연한 라벤더색(8602) 각 소량

바늘 8/0호, 5/0호 코바늘   **완성 치수** 입구 폭 32cm, 깊이 18.5cm(손잡이 제외)

게이지(사방 10cm) 짧은뜨기 줄기뜨기: 13.5코 · 11.5단

만드는 법 **POINT** 실은 본체는 먼셀 메리노 레인보우 베이지색 · 모카색 각 1가닥과 에페소 모카베이지색 3가닥을 합친 5가닥, 꽃 모티프는 각 1가닥으로 뜬다.

1 본체는 실 고리로 코를 만들어 바닥부터 뜨기 시작한다. 코를 늘리면서 7단을 뜨고, 이어서 옆면을 짧은뜨기 줄기뜨기로 코를 늘리면서 20단을 뜬다. 마지막은 되돌아 짧은뜨기 줄기뜨기 1단으로 입구 둘레를 정돈한 다음 손잡이를 떠서 본체 안면에 단다.

2 꽃 모티프를 지정 배색대로 뜨고 본체의 지정 위치에 단다.

※ 본체(8/0호 코바늘)

※ 5가닥(☆)

65.5cm(92코)
손잡이 다는 위치
8cm
되돌아 짧은뜨기 줄기뜨기
1cm(1단)
1.5cm

※ 본체와 손잡이 실은 베이지색 · 모카색 각 1가닥과 모카베이지색 3가닥을 합친 5가닥 사용

17.5cm (20단)

옆면 짧은뜨기 줄기뜨기

(56코)

6cm(7단)

56코

바닥 짧은뜨기

56코

손잡이 2개 짧은뜨기(8/0호 코바늘)
2cm(2단) 5가닥(☆)
23cm(사슬 31코) 만든다.

※ 완성 도안

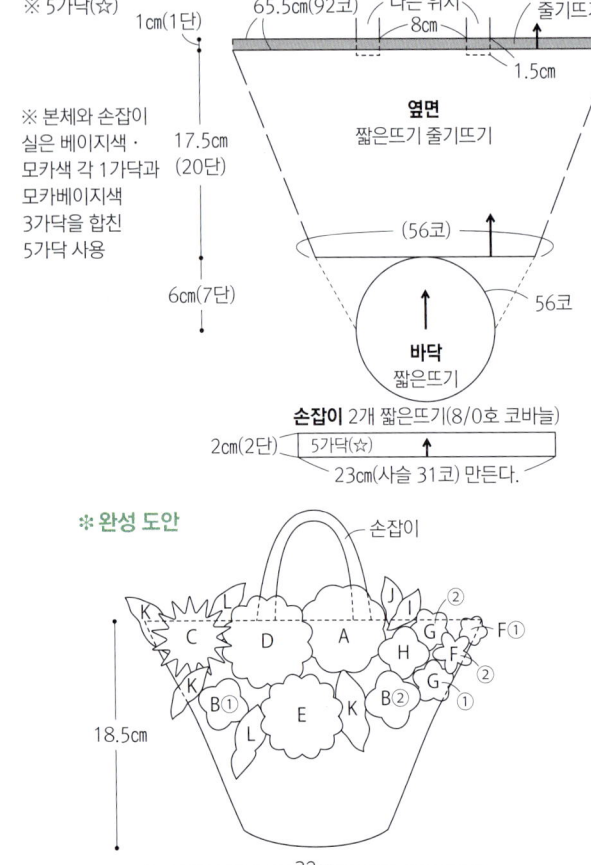

손잡이

18.5cm

32cm

※ 단수·콧수 표

단	콧수		
1단	92코		↑ 되돌아 짧은뜨기
20단	92코		
19단	92코	+4코	
18단	88코		
17단	88코	+4코	
16단	84코		
15단	84코	+4코	
14단	80코	+4코	
13단	76코		
12단	76코	+4코	
11단	72코		
10단	72코	+4코	
9단	68코		
8단	68코	+4코	
7단	64코		
6단	64코	+4코	
5단	60코		
4단	60코		
3단	60코	+4코	
2단	56코		
1단	56코		↑ 옆면
7단	56코	+8코	
6단	48코	+8코	
5단	40코	+8코	
4단	32코	+8코	
3단	24코	+8코	
2단	16코	+8코	
1단	8코		↑ 바닥

※ 기호의 명칭

기호	명칭
⭕	= 사슬뜨기
✕	= 짧은뜨기
●	= 빼뜨기
┬	= 긴뜨기
┬	= 한길긴뜨기
┬	= 두길긴뜨기
┬	= 세길긴뜨기
✕ · ✕	= 짧은뜨기 2코 늘려뜨기
✕	= 짧은뜨기 줄기뜨기
✕ · ✕	= 짧은뜨기 줄기뜨기 2코 늘려뜨기
✕	= 되돌아 짧은뜨기 줄기뜨기
V V V	= 한길긴뜨기 · 두길긴뜨기 · 세길긴뜨기 2코 늘려뜨기
⬡	= 사슬 3코 피코뜨기
◁	= 실을 단다
▬	= 실을 자른다

※ 가방 기호 도안

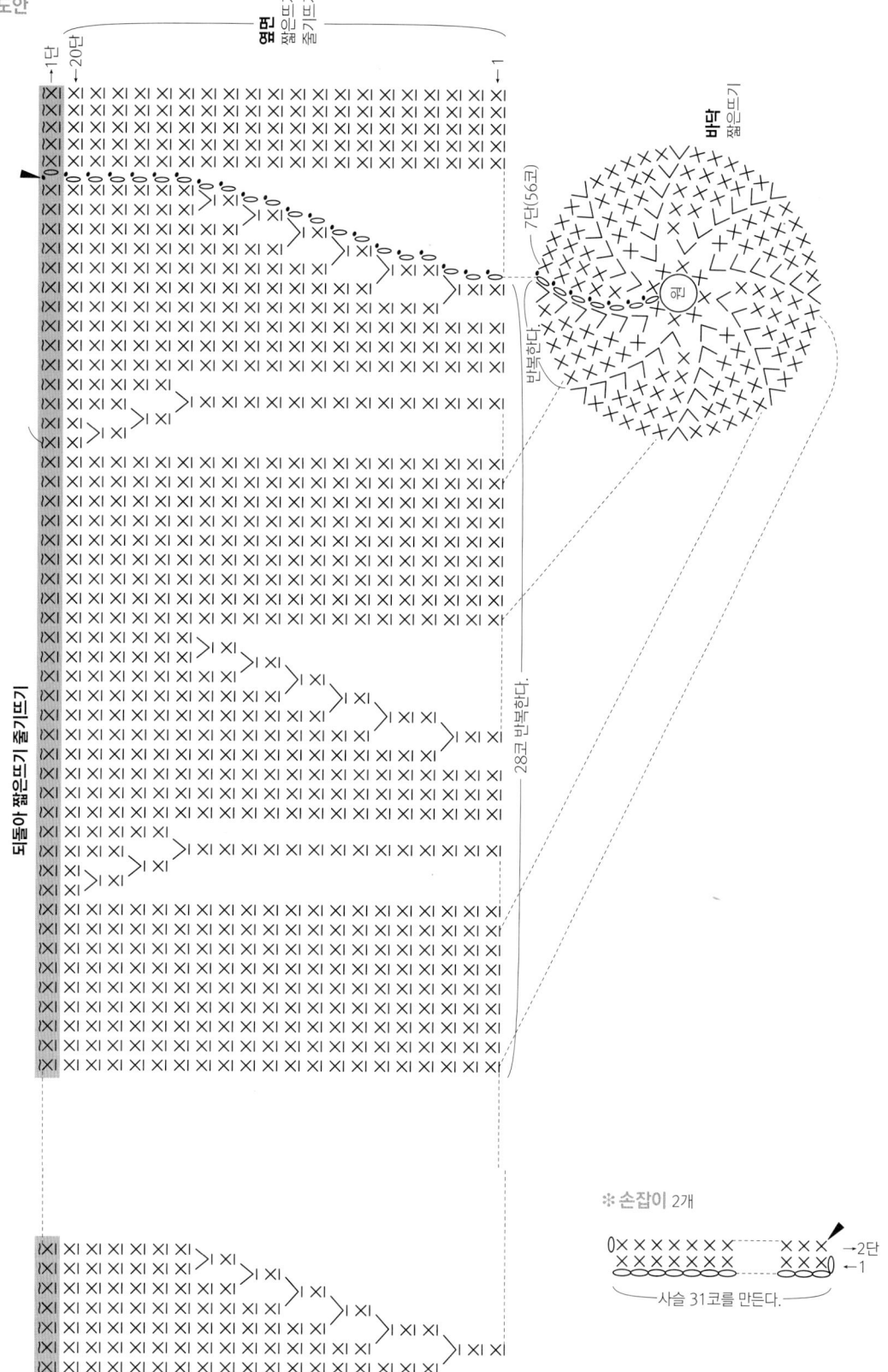

옆면
짧은[빈기]
줄기[빈기]

1단→ ←20단

→1

밑판
짧은[빈기]

7단(56코)

반복한다.

28코 반복한다.

되돌아 짧은뜨기 줄기[빈기]

※ 손잡이 2개

0××××××× ××× ←2단
×××××××× ×××× ←1
사슬 31코를 만든다.

❋ 꽃 모티프(모두 5/0호 코바늘)

A 장미(대) 1장

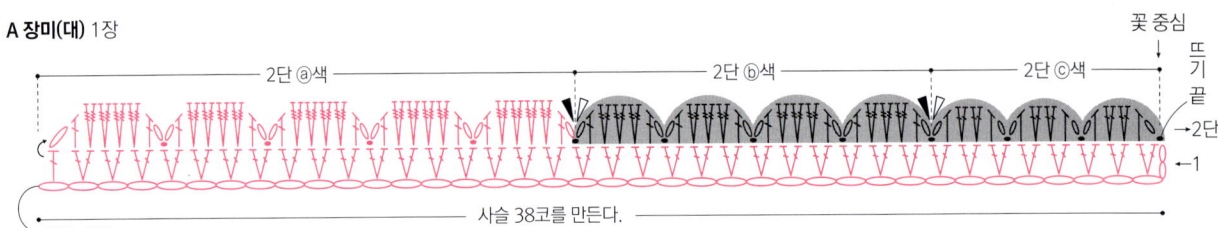

꽃 중심
2단 ⓐ색
2단 ⓑ색
2단 ⓒ색
뜨기 끝
→2단
←1
사슬 38코를 만든다.
뜨기 시작

B 장미(소) ①, ② 각 1장

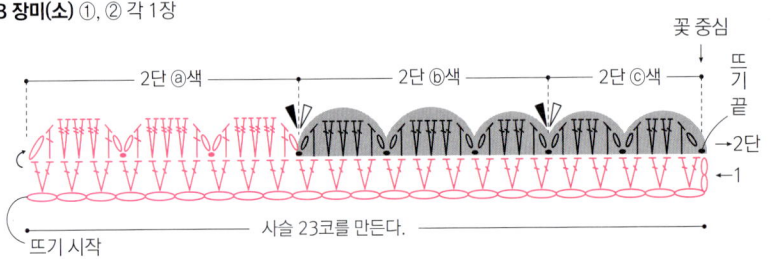

꽃 중심
2단 ⓐ색
2단 ⓑ색
2단 ⓒ색
뜨기 끝
→2단
←1
사슬 23코를 만든다.
뜨기 시작

A 배색		
2단	ⓒ	핑크색
	ⓑ	짙은 핑크색
	ⓐ	짙은 빨간색
1단		

A·B 완성 방법

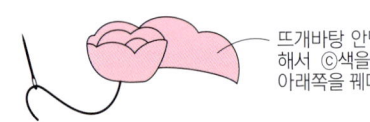

뜨개바탕 안면을 안쪽으로 해서 ⓒ색을 중심에 감고 아래쪽을 꿰매어 고정한다.

B 배색					
	① 핑크색 1장			② 라벤더색 1장	
2단	ⓒ	연한 핑크색	2단	ⓒ	연한 라벤더색
	ⓑ	짙은 핑크색		ⓑ	엷은 라벤더색
	ⓐ	짙은 빨간색		ⓐ	짙은 라벤더색
1단			1단		

C 마거리트 1장

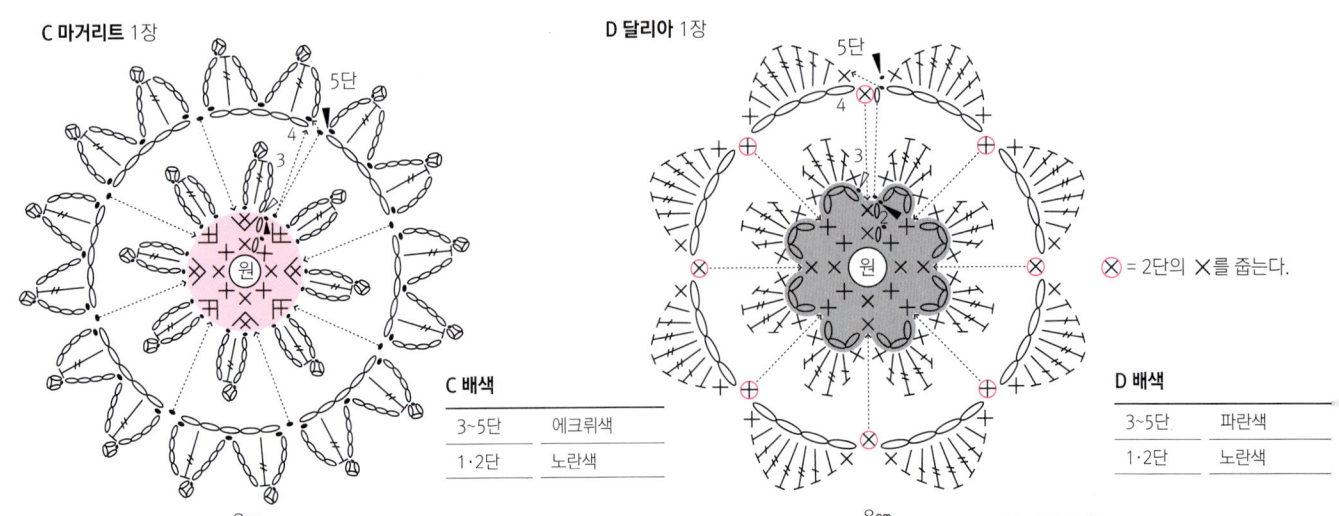

C 배색	
3~5단	에크뤼색
1·2단	노란색

8cm

D 달리아 1장

⊗ = 2단의 ✕를 줍는다.

D 배색	
3~5단	파란색
1·2단	노란색

8cm

E 매리골드 1장

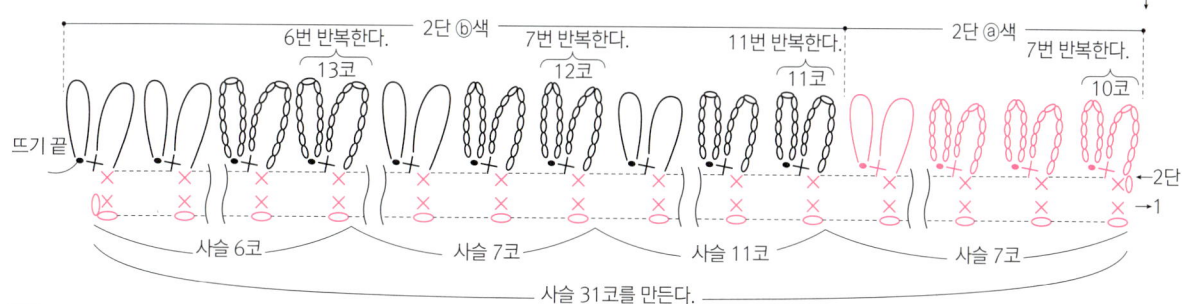

꽃 중심 ↓

6번 반복한다.　　2단 ⓑ색　　7번 반복한다.　　11번 반복한다.　　2단 ⓐ색　　7번 반복한다.

13코　　　　　　　　12코　　　　　　　　11코　　　　　　　10코

뜨기 끝　　　　　　　　　　　　　　　　　　　　　　　　　　　　→2단
　　　　　　　　　　　　　　　　　　　　　　　　　　　　　　　→1

사슬 6코　　　　사슬 7코　　　　사슬 11코　　　　사슬 7코

사슬 31코를 만든다.

E 배색

2단 ⓑ	연노란색
2단 ⓐ	짙은 노란색
1단	

E 완성 방법

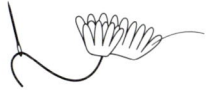

뜨개바탕 안면을 안쪽으로 해서 ⓐ색을 중심에 감고 아래쪽을 꿰매어 고정한다.

F 코스모스(소)
①, ② 각 1장

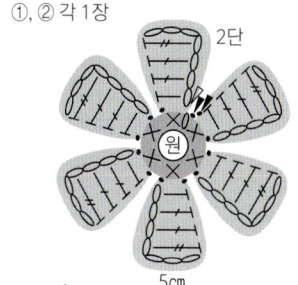

2단

원

5cm

G 코스모스(중)
①, ② 각 1장

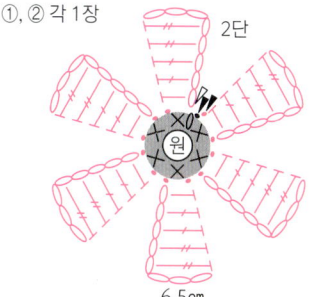

2단

원

6.5cm

H 코스모스(대)
1장

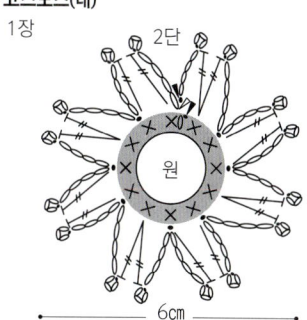

2단

원

6cm

F 배색

	① 녹색		② 노란색
2단	라이트그린색	2단	연노란색
1단	연노란색	1단	라이트그린색

G 배색

	① 핑크색		② 민트그린색
2단	보랏빛 핑크색	2단	민트그린색
1단	노란색	1단	노란색

H 배색

2단	연보랏빛 핑크색
1단	노란색

I·J 잎(소) 각 1장

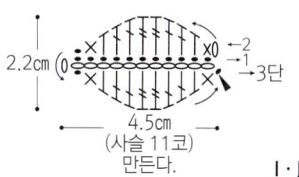

2.2cm

←2
←1
→3단

4.5cm
(사슬 11코)
만든다.

I·J 배색

	I	J
2·3단	밝은 녹색	카키색
시작코·1단	카키색	밝은 녹색

K·L 잎(대) K 3장, L 2장

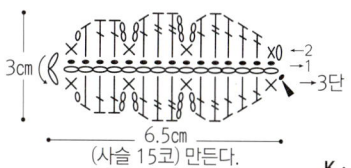

3cm

←2
←1
→3단

6.5cm
(사슬 15코) 만든다.

K·L 배색

	K	L
2·3단	밝은 녹색	카키색
시작코·1단	카키색	밝은 녹색

MARGUERITE BAG 마거리트 꽃 가방

재료

실 유자와야 먼셀 메리노 레인보우(병태사)[1타래 40g] 오프화이트색(143) 80g, 핑크색(124) 70g, 레몬색(41) 15g

바늘 5/0호 코바늘   **완성 치수** 폭 21㎝, 깊이 21㎝(손잡이 제외)

꽃 모티프 크기 7.5×7.5㎝

만드는 법   **POINT** 실은 1가닥으로 뜬다.

1 실 고리로 코를 만들어 지정 배색대로 뜬다. 2번째 꽃 모티프부터 8단의 지정 위치에서 빼뜨기로 연결하며 뜬다. 번호순으로 16장을 연결한다.

2 손잡이를 핑크색으로 뜬 다음 지정 위치에 단다.

❉ 꽃 모티프 16장

7.5㎝

❉ 꽃 모티프 배색

7·8단	핑크색
3~6단	오프화이트색
1·2단	레몬색

❉ 꽃 모티프 배치도

번호 순으로 연결한다.

맞춤 표시끼리 연결한다.

42㎝

※ 손잡이 2개 핑크색

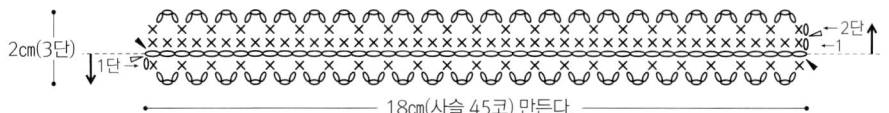

2cm(3단)

1단 0x

18cm(사슬 45코) 만든다.

2단
1

※ 기호의 명칭

⬭ = 사슬뜨기

✕ = 짧은뜨기

• = 빼뜨기

🙰 = 짧은뜨기 2코 늘려뜨기

† = 한길긴뜨기

‡ = 두길긴뜨기

🔯 = 사슬 3코 피코뜨기

⊗ = 2단 전 빼뜨기를 줍는다.

◁ = 실을 단다

◀ = 실을 자른다

※ 꽃 모티프 연결하는 방법

◀⋯⋯ 의 빼뜨기로 연결하며 뜬다.

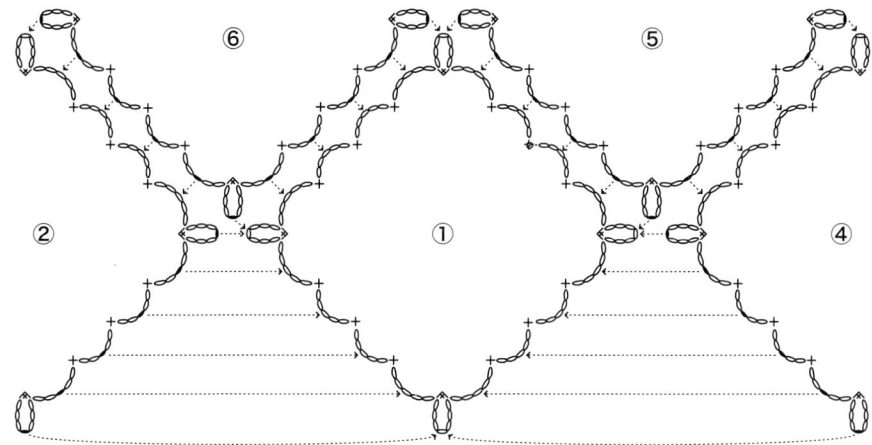

⑥ ⑤

② ① ④

※ 완성 도안

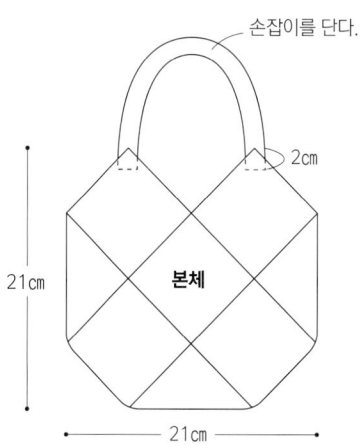

손잡이를 단다.

2cm

21cm

본체

21cm

GRANNY BAG 입체 꽃 장식 그래니 백 73p

재료

실 유자와야 먼셀 메리노 레인보우(병태사)[1타래 40g] 빨간색(10) 60g, 연한 핑크색(2)・레몬색(41)・녹색(59)・물색(79)・연보라색(108)・핑크색(124) 각 35g, 회색(146) 30g, 잉크블루색(90)・보르도색(121) 각 10g

바늘 5/0호 코바늘　**완성 치수** 폭 32㎝, 깊이 26㎝(손잡이 제외)　**모티프 크기** 6×6㎝

만드는 법　**POINT** 실은 1가닥으로 뜬다.

1 실 고리로 코를 만들어 지정 배색대로 지정 장수를 뜬다. 모티프를 배치하고 바깥쪽 반 코를 뜬 다음 감아서 잇기로 연결한다. 이때 연결하는 실은 모티프 마지막 단의 어느 하나의 색깔을 사용한다. 4장의 이음매는 구멍이 나지 않게 실을 당길 것. 테두리뜨기는 빨간색 실로 뜬다.

2 손잡이와 끈을 떠서 본체의 지정 위치에 단다.

※ **모티프** 36장

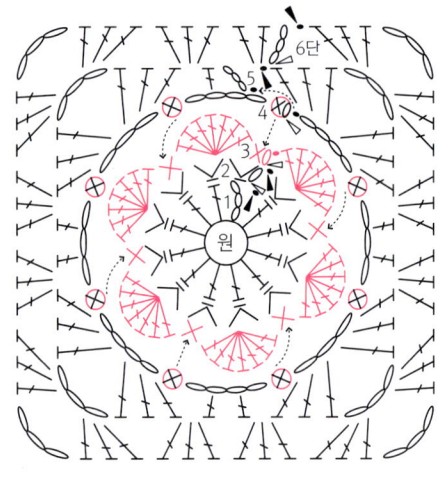

※ **기호의 명칭**

- ◯ = 사슬뜨기
- ✕ = 짧은뜨기
- • = 빼뜨기
- ⋁・⋎ = 짧은뜨기 줄기뜨기 2코 늘려뜨기
- ⊤ = 한길긴뜨기
- �001F = 한길긴뜨기 7코 늘려뜨기
- ⊗ = 앞단 ✕ 안면의 다리를 줍는다.
- ⋀・⋏ = 짧은뜨기 3코 모아뜨기
- ⬯ = 사슬 3코 피코뜨기
- ◁ = 실을 단다
- ◀ = 실을 자른다

※ **반 코 감아서 잇기**

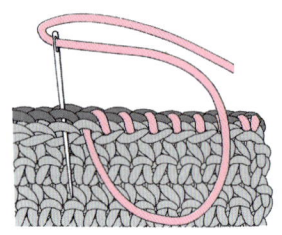

앞쪽과 뒤쪽 모티프의
반 코 뜨기를 반복한다.

※ **꽃 배색**

A 6장		B 6장		C 5장		D 6장		E 7장		F 6장	
6단	빨간색	6단	물색	6단	연보라색	6단	핑크색	6단	연한 핑크색	6단	회색
4·5단	녹색	4·5단	녹색	4·5단	녹색	4·5단	녹색	4·5단	녹색	4·5단	녹색
3단	연한 핑크색	3단	핑크색	3단	빨간색	3단	물색	3단	연보라색	3단	레몬색
2단	연보라색	2단	빨간색	2단	핑크색	2단	잉크블루색	2단	보르도색	2단	핑크색
1단	레몬색	1단	레몬색	1단	레몬색	1단	레몬색	1단	레몬색	1단	빨간색

❈ 모티프 배치도와 테두리뜨기

테두리뜨기(빨간색)
한 바퀴 168코 줍는다.

0.5cm

※로 이어진다.

트임 끝

트임 끝

B	E	C
F	A	D	B
E	F	A
B	C	B	F
D	E	C
A	D
F	C	E
A	E	B	D
B	D	A
D	A	E	C
E	D	F

25.5cm

★

■
■

○

← 바닥

▲

▲

25.5cm

◎
◎

트임 끝

★

트임 끝

※

테두리뜨기

0.5cm

△
△

☆

□
□

☆

34cm

❈ 손잡이 2개(빨간색)

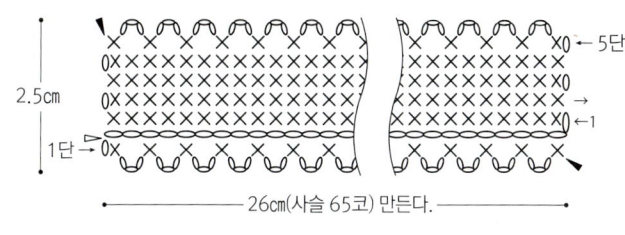

2.5cm

1단→ 0×

→5단

→ ←1

26cm(사슬 65코) 만든다.

❈ 잎 2장(녹색)   ❈ 끈 2장(녹색)

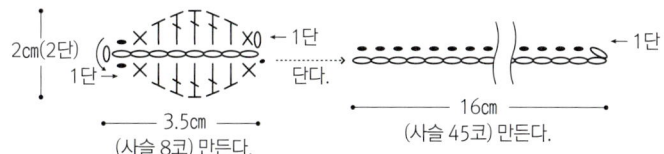

2cm(2단)

1단

←1단
단다.

←1단

3.5cm
(사슬 8코) 만든다.

16cm
(사슬 45코) 만든다.

❈ 완성 도안

손잡이와 끈을 본체
안면에 겹쳐 단다.

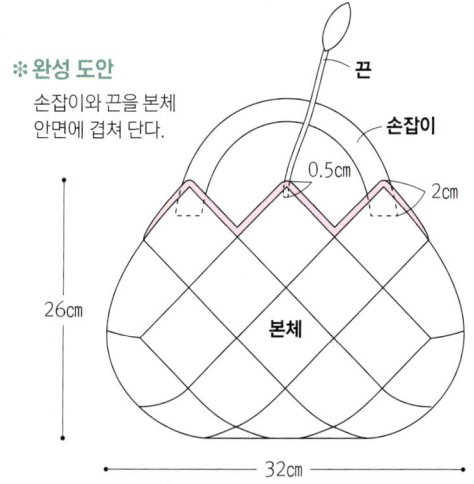

끈

손잡이

0.5cm

2cm

26cm

본체

32cm

❈ 테두리뜨기 기호 도안

끈 다는 위치(반대쪽도 동일)

3코 1무늬

옆

←1단

옆

앞뒤 중앙

RETRO GRANNY BAG 코르사주 장식 그래니 백

74p-75p

재료

실 유자와야 먼셀 메리노 레인보우(병태사)[1타래 40g] 파란색(89) 160g, 노란색(46) 40g, 빨간색(11) 24g, 핑크색(124) 16g, 녹색(59) 10g, 연한 주황색(15)·민트그린색(73)·에메랄드그린색(75)·터쿼이즈블루색(80)·짙은 파란색(90)·연한 라벤더색(112)·라벤더색(113) 각 8g, 담녹색(55) 소량

바늘 5/0호, 4/0호 코바늘   **완성 치수** 폭 40cm, 깊이 22cm

꽃 모티프 크기 지름 약 8cm   **게이지(사방 10cm)** 무늬뜨기: 24.5코·11.5단

만드는 법   **POINT** 실은 1가닥으로 뜬다.

1 본체는 사슬뜨기로 98코를 만들고 무늬뜨기로 증감 없이 46단을 뜬다. 테두리뜨기의 짧은뜨기는 코를 줄이며 뜨고, 입구는 짧은뜨기를 한다.

2 손잡이는 파란색 실로 사슬뜨기해 74코를 만들고 짧은뜨기를 한 다음 녹색 실로 잎과 줄기를 뜬다. 다 뜬 손잡이 2개를 본체의 짧은뜨기 안면에 2cm 정도 겹쳐서 단다.

3 꽃 모티프는 실 고리로 코를 만들어 뜨기 시작해 지정 단에서 색을 바꾸어 뜬다. 꽃술을 뜨고 꽃 모티프 중앙에 겹쳐서 본체에 단다.

4 잎은 사슬뜨기로 코를 만들어 뜨기 시작한다. 빼뜨기는 시작코 뒷산을 줍고, 2단부터 색을 바꾸어 뜬다. 빼뜨기의 뒤쪽 반 코를 주워 잎 중앙에 담녹색 줄무늬가 나오도록 뜬다. 3단은 시작코 사슬의 실 2가닥을 주우며 되돌아간 다음 지정 위치에 단다.

❋ **본체**
무늬뜨기(5/0호 코바늘) 파란색

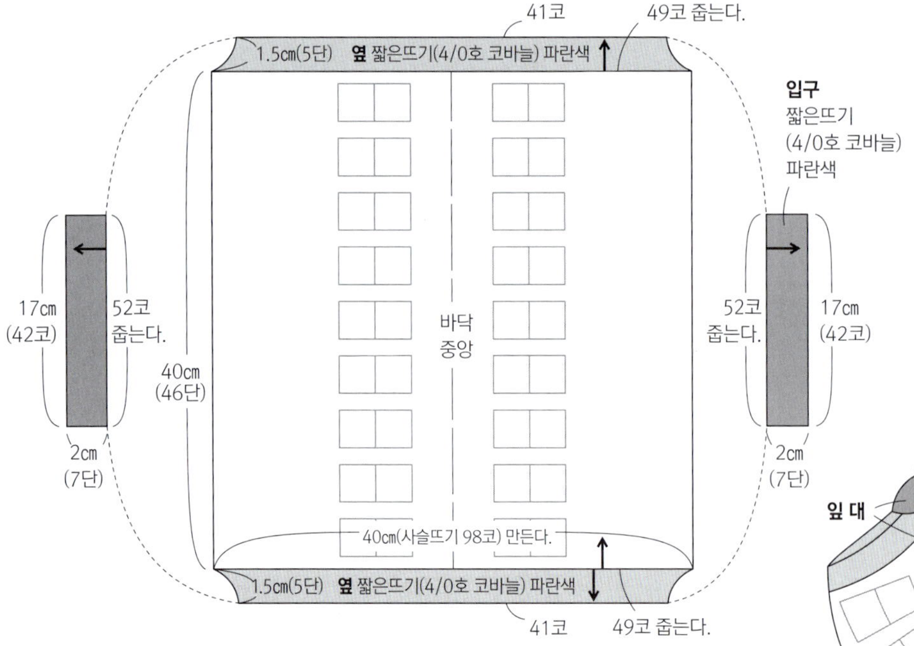

41코   49코 줄는다.

1.5cm(5단) **옆** 짧은뜨기(4/0호 코바늘) 파란색

입구
짧은뜨기
(4/0호 코바늘)
파란색

17cm
(42코)

52코
줄는다.

40cm
(46단)

바닥
중앙

52코
줄는다.

17cm
(42코)

2cm
(7단)

2cm
(7단)

40cm(사슬뜨기 98코) 만든다.

1.5cm(5단) **옆** 짧은뜨기(4/0호 코바늘) 파란색

41코   49코 줄는다.

❋ **완성 방법**

손잡이

꽃 A
(D)

꽃 B
(E)

꽃 C
(F)

잎 대

잎 대

잎 소

( ) 안은 뒤쪽

옆쪽의
짧은뜨기

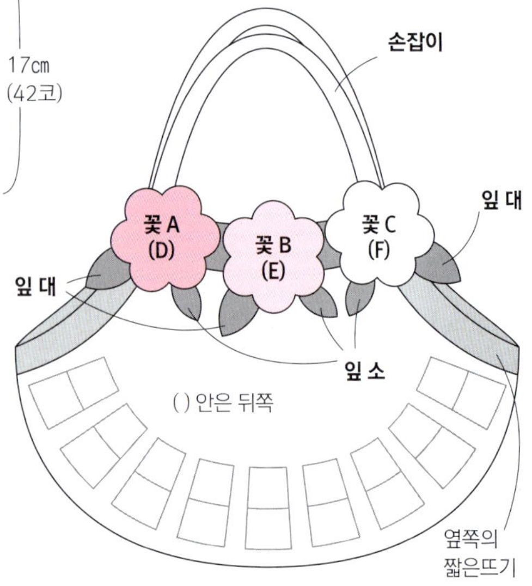

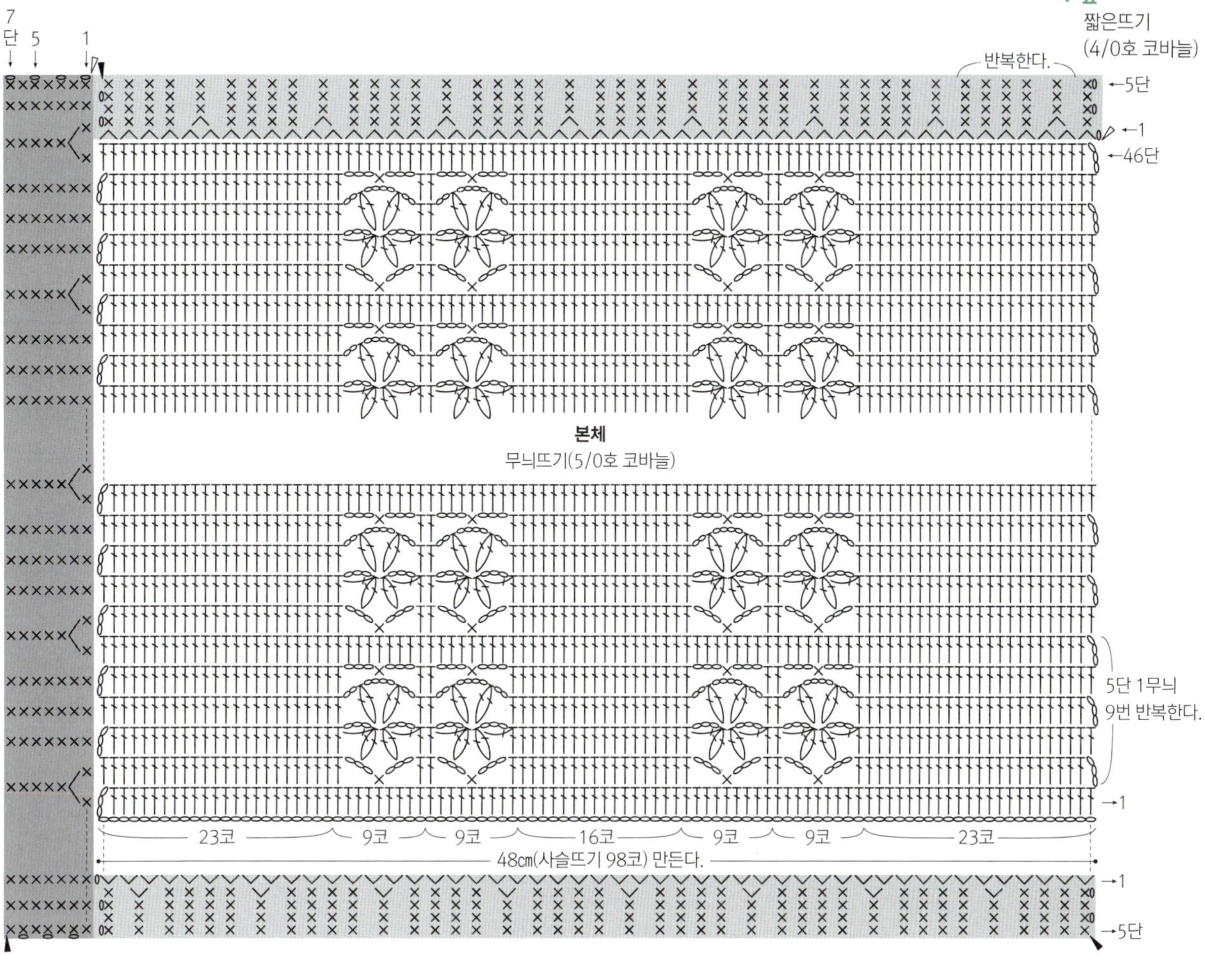

※ **입구**
짧은뜨기
(4/0호 코바늘)

7
단 5 1

※ **옆**
짧은뜨기
(4/0호 코바늘)

(반복한다.)

←5단

←1

←46단

본체
무늬뜨기(5/0호 코바늘)

5단 1무늬
9번 반복한다.

→1

→1

23코 · 9코 · 9코 · 16코 · 9코 · 9코 · 23코
48cm(사슬뜨기 98코) 만든다.

→1

→5단

※ **손잡이** 2개(4/0호 코바늘)

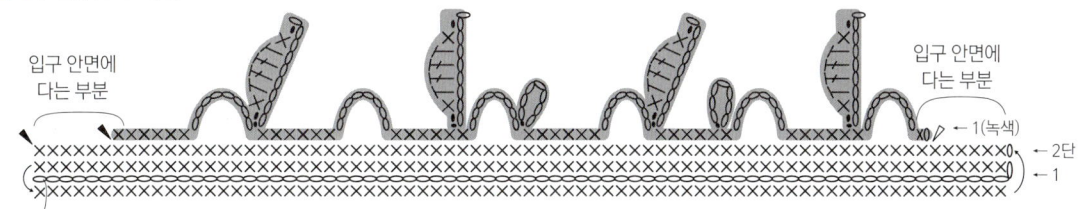

입구 안면에
다는 부분

입구 안면에
다는 부분

←1(녹색)

←2단

←1

뜨기 시작
26cm(사슬뜨기 74코) 만든다(파란색).

※ **기호의 명칭**

- ◯ = 사슬뜨기
- ✕ = 짧은뜨기
- • = 빼뜨기
- ┬ = 긴뜨기
- ┳ = 한길긴뜨기
- ∧ · ⋏ = 짧은뜨기 2코 모아뜨기
- ⬚ = 한길긴뜨기 2코 구슬뜨기
- ⬭ = 사슬 3코 피코뜨기
- ◁ = 실을 단다
- ◀ = 실을 자른다

❊ 꽃 모티프 A~F 공통 각 1장(4/0호 코바늘)

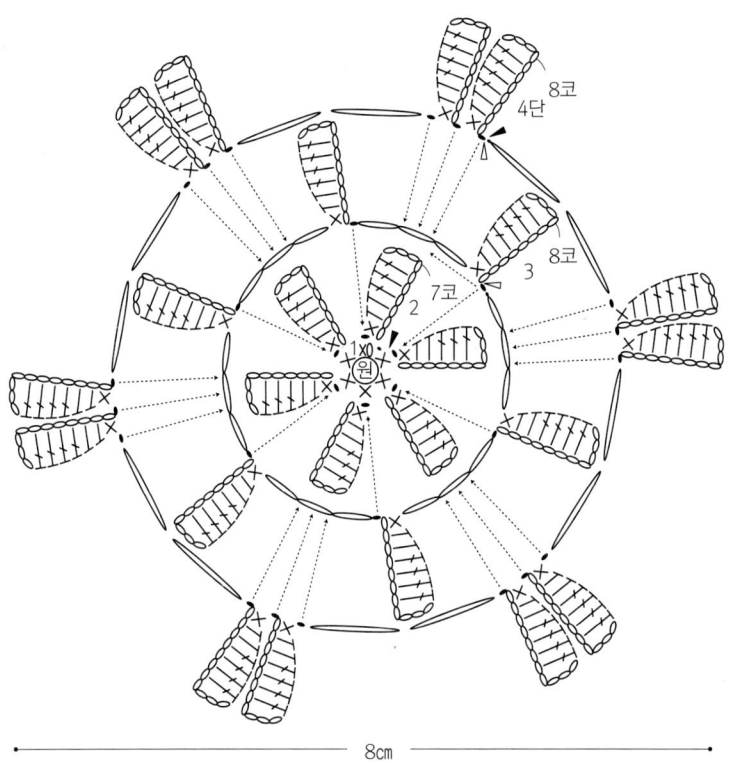

8코
4단

8코
3

7코
2

1×0
원

8cm

❊ 꽃 모티프 배색

	3·4단	라벤더색
꽃 A	1·2단	연한 라벤더색
	꽃술	노란색
	3·4단	핑크색
꽃 B	1·2단	빨간색
	꽃술	노란색
	3·4단	에메랄드그린색
꽃 C	1·2단	민트그린색
	꽃술	노란색
	3·4단	노란색
꽃 D	1·2단	연한 주황색
	꽃술	빨간색
	3·4단	짙은 파란색
꽃 E	1·2단	터쿼이즈블루색
	꽃술	노란색
	3·4단	빨간색
꽃 F	1·2단	핑크색
	꽃술	노란색

❊ 꽃술 A~F 공통 각 1장(4/0호 코바늘)

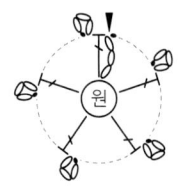

원

❊ 잎(4/0호 코바늘)

소 6장

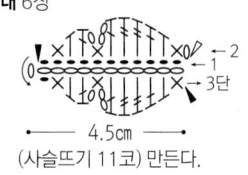

2
1
3단

3cm

(사슬뜨기 8코) 만든다.

대 6장

2
1
3단

4.5cm

(사슬뜨기 11코) 만든다.

❊ 잎 모티프 배색

소	1단(사슬뜨기·빼뜨기)	담녹색
	잎	녹색
대	1단(사슬뜨기·빼뜨기)	담녹색
	잎	녹색

MINI TOTE BAG 미니 토트백

재료

실 유자와야 먼셀 메리노 레인보우(병태사)[1타래 40g] 금빛 갈색(32) 105g, 주홍색(10) · 주황색(16) · 녹색(59) · 라벤더색(113) 각 6g

바늘 5/0호, 4/0호 코바늘 **완성 치수** 폭 24㎝, 깊이 19.5㎝

게이지(사방 10㎝) 무늬뜨기: 28.5코 · 10.5단

만드는 법 **POINT** 실은 1가닥으로 뜬다. ※ 꽃 모티프 A · B · C 만드는 방법은 191쪽 참고.

1 바닥부터 실 고리로 코를 만들어 뜨기 시작한다. 코를 늘리며 10단을 뜨고, 옆면은 증감 없이 19단을 뜬다. 이어서 테두리뜨기로 1단을 뜬다.

2 손잡이는 사슬뜨기로 42코를 만든다. 2~3단은 사슬뜨기 3코 피코뜨기를 한다. 2개를 뜨고 본체 안면에 1㎝ 정도 겹쳐서 단다.

3 꽃 모티프 A · B · C · D는 기호 도안을 참고해 뜬다.

4 잎은 사슬뜨기로 코를 만들어 뜨기 시작한다. 기둥코로 사슬 1코를 뜬 다음 사슬뜨기 반 코와 뒷산을 주워 뜬다.

5 열매는 실 고리로 코를 만들어 뜨기 시작한다. 안에 실을 넣고 마지막 단을 돗바늘로 주워서 조인다.

6 꽃 모티프, 잎, 열매를 지정 위치에 단다.

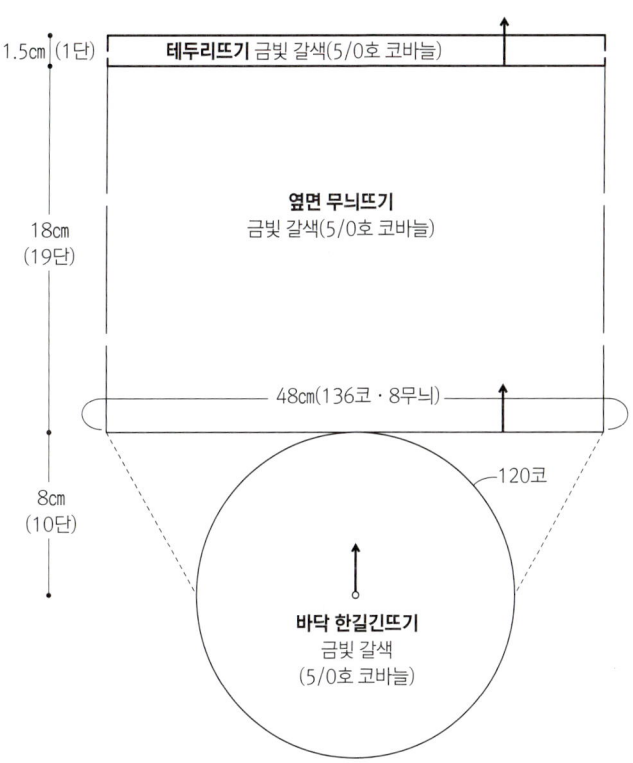

1.5㎝ (1단)
테두리뜨기 금빛 갈색(5/0호 코바늘)

18㎝ (19단)
옆면 무늬뜨기
금빛 갈색(5/0호 코바늘)

48㎝(136코 · 8무늬)

120코

8㎝ (10단)

바닥 한길긴뜨기
금빛 갈색
(5/0호 코바늘)

잎(중)

꽃 D

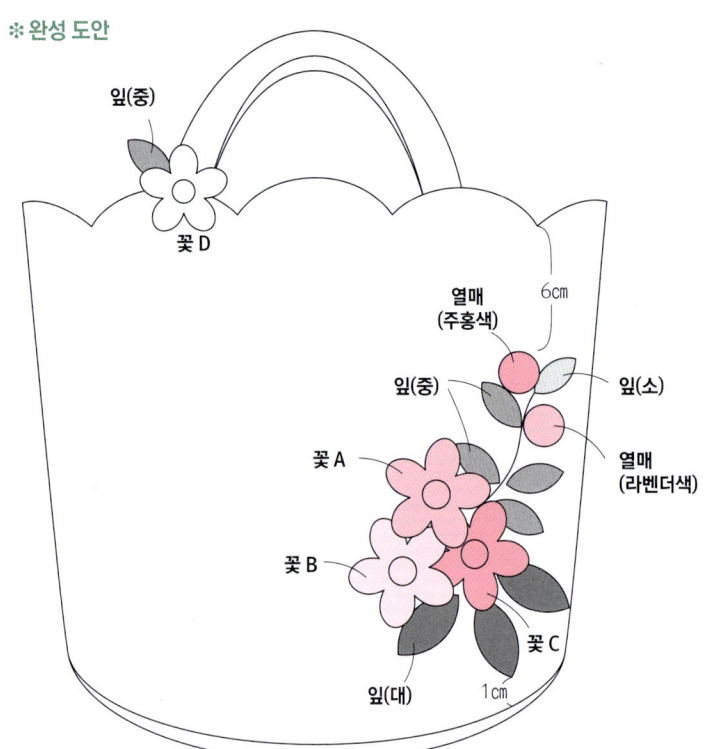

열매
(주홍색)

6cm

잎(중)

잎(소)

꽃 A

열매
(라벤더색)

꽃 B

꽃 C

잎(대)

1cm

※ 기호의 명칭

⬭	=	사슬뜨기
✕	=	짧은뜨기
•	=	빼뜨기
┃	=	긴뜨기
┠	=	한길긴뜨기
╪	=	두길긴뜨기
⋁	=	한길긴뜨기 2코 늘려뜨기
⋎	=	짧은뜨기 2코 늘려뜨기
⋏	=	짧은뜨기 2코 모아뜨기
⬮	=	한길긴뜨기 2코 구슬뜨기
⬮	=	두길긴뜨기 줄기뜨기 2코 구슬뜨기 (앞단의 뒤쪽 반 코 줍기)
⬯	=	사슬 3코 피코뜨기
◁	=	실을 단다
◀	=	실을 자른다

※ 꽃 A · B · C 각 1장(5/0호 코바늘)

ⓐ

2단

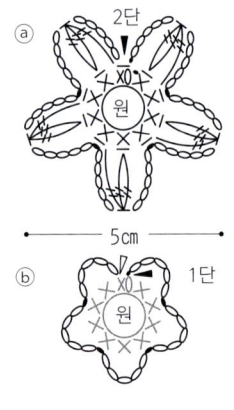

5cm

ⓑ

1단

ⓐ 중앙의 1단 짧은뜨기에
ⓑ를 뜬다.

※ 꽃 A · B · C 배색

꽃 A	ⓐ의 2단	주황색
	ⓐ의 1단	라벤더색
	ⓑ	주홍색
꽃 B	ⓐ의 2단	라벤더색
	ⓐ의 1단	주홍색
	ⓑ	주황색
꽃 C	ⓐ의 2단	주홍색
	ⓐ의 1단	녹색
	ⓑ	주황색

※ 꽃 D 1장(5/0호 코바늘)

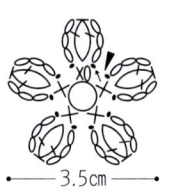

3.5cm

※ 꽃 D 배색

2단	주홍색
1단	주황색

※ 열매

주홍색 · 라벤더색 각 1개
(4/0호 코바늘)

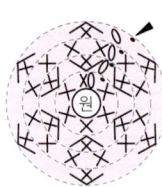

1.2cm

같은 실을 안에 넣고
4단의 머리에 실을 통
과시켜 조인다.

※ 손잡이 2개 금빛 갈색(5/0호 코바늘)

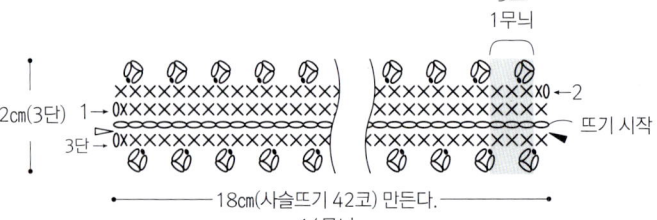

3코
1무늬

2cm(3단)

1←
0←

←2

3단→

뜨기 시작

18cm(사슬뜨기 42코) 만든다.
14무늬

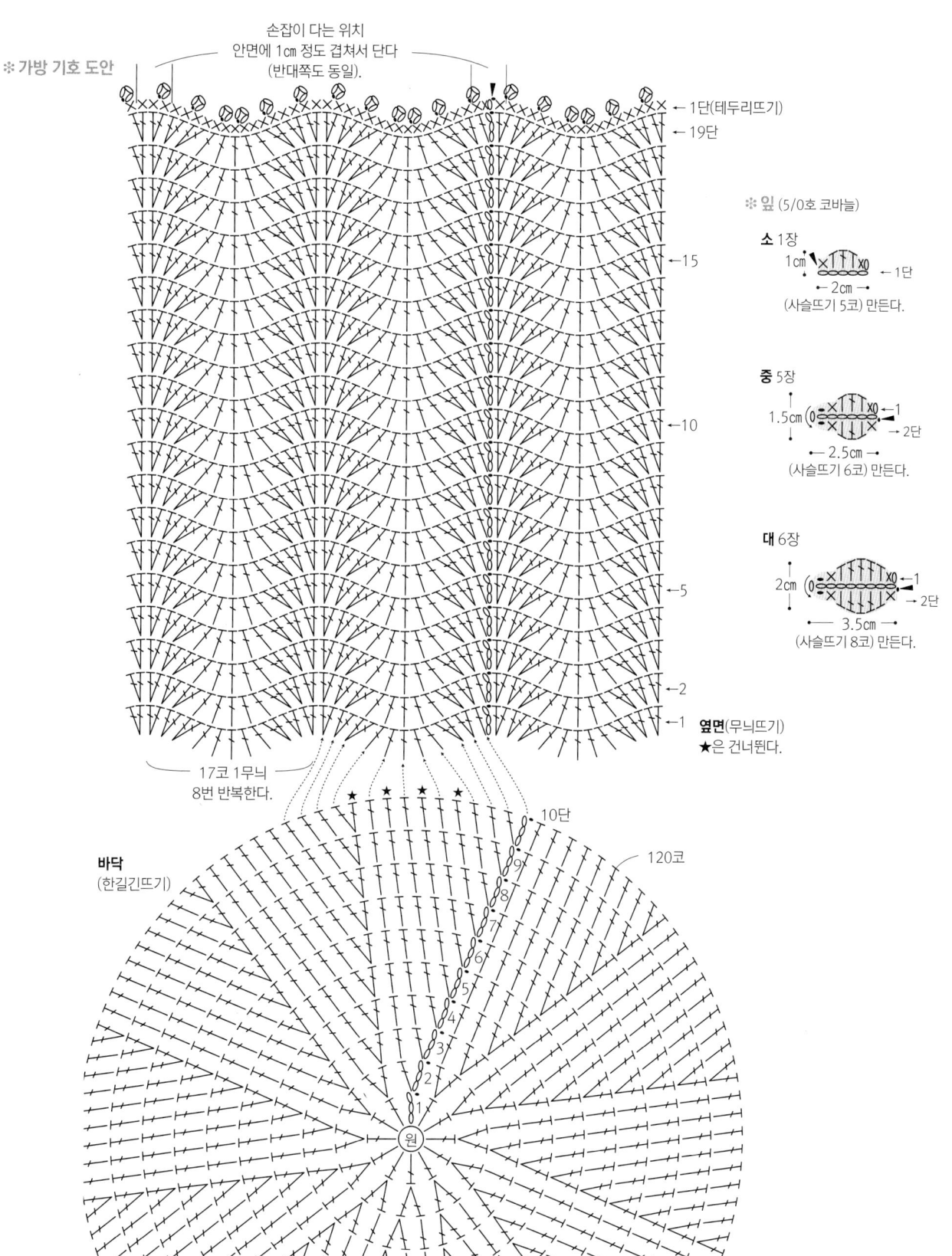

손잡이 다는 위치
안면에 1cm 정도 겹쳐서 단다
(반대쪽도 동일).

← 1단(테두리뜨기)
← 19단

← 15

← 10

← 5

← 2
← 1

17코 1무늬
8번 반복한다.

옆면(무늬뜨기)
★은 건너뛴다.

＊ 잎 (5/0호 코바늘)

소 1장
1cm
← 1단
← 2cm →
(사슬뜨기 5코) 만든다.

중 5장
1.5cm
← 1
→ 2단
← 2.5cm →
(사슬뜨기 6코) 만든다.

대 6장
2cm
← 1
→ 2단
← 3.5cm →
(사슬뜨기 8코) 만든다.

바닥
(한길긴뜨기)

10단
9
8
7
6
5
4
3
2
1
원

120코

FLOWER COIN PURSE 동전 지갑 77p

재료 A=빨간색, B=핑크색, 지정한 것 외에는 A·B 공통

실 유자와야 먼셀 메리노 레인보우(병태사)[1타래 40g] **A** 빨간색(11) 30g **B** 핑크색(124) 30g
자수 실 앵커 아트 4238(타피스리 울)[1타래 10m] 레몬색(8094) · 노란색(8118) · 빨간색(8200) · 연한 핑크색(8432) · 짙은 핑크색(8438) · 핑크색(8452) · 연녹색(9116) · 녹색(9120)
기타 은색 똑딱이 프레임 폭 7.5×높이 5.5cm(나스카 NH-26 col.N) 1개, 웨이스트 캔버스(44칸/10cm) 7×7cm 1개, 천잠사 3호(굵기 약 0.3mm), 방울 메이커(지름 2cm용)
바늘 5/0호 코바늘   **완성 치수** 가로 11.25cm, 세로 9.5cm(똑딱이 프레임 포함)
게이지(사방 10cm) 짧은뜨기: 25코 · 29단

만드는 법 **POINT** 실은 1가닥으로 뜬다.

1 사슬뜨기로 6코를 만들고 기둥코로 사슬뜨기 1코를 뜬 다음 사슬뜨기 반 코와 뒷산을 주워 뜬다. 시작코 반대쪽의 사슬뜨기 반 코를 주워 짧은뜨기로 되돌아간다. 원형으로 바닥은 코를 늘리면서 8단, 옆면은 증감 없이 9단을 뜬다. 입구 부분은 단마다 실을 달아 겉면을 보며 한 방향으로 11단을 뜬다.

2 웨이스트 캔버스를 사용해 앞면 중앙에 하프 크로스스티치(92쪽 참고)를 넣는다.

3 똑딱이 프레임을 천잠사로 단다. 이때 지갑 입구를 둥글게 안쪽으로 접고 뜨개바탕을 뜨면서 똑딱이 프레임 구멍에 천잠사를 통과시켜 박음질로 달면 된다.

4 폼폼을 만들어(92쪽 참고) 앞면에 단다.

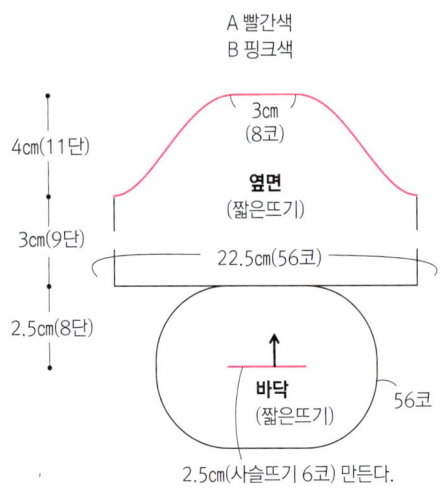

A 빨간색
B 핑크색

4cm(11단)
3cm(9단)
2.5cm(8단)

3cm (8코)
옆면 (짧은뜨기)
22.5cm(56코)
56코
바닥 (짧은뜨기)
2.5cm(사슬뜨기 6코) 만든다.

※ **완성 방법**

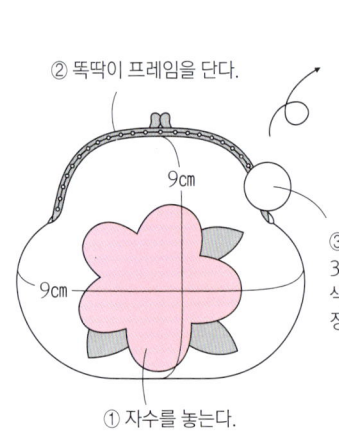
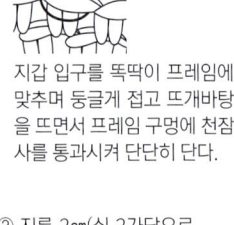

② 똑딱이 프레임을 단다.

지갑 입구를 똑딱이 프레임에 맞추며 둥글게 접고 뜨개바탕을 뜨면서 프레임 구멍에 천잠사를 통과시켜 단단히 단다.

9cm
9cm

③ 지름 2cm(실 2가닥으로 30번 감기)의 폼폼(A 빨간색, B 핑크색)을 꿰매어 고정한다.

① 자수를 놓는다.

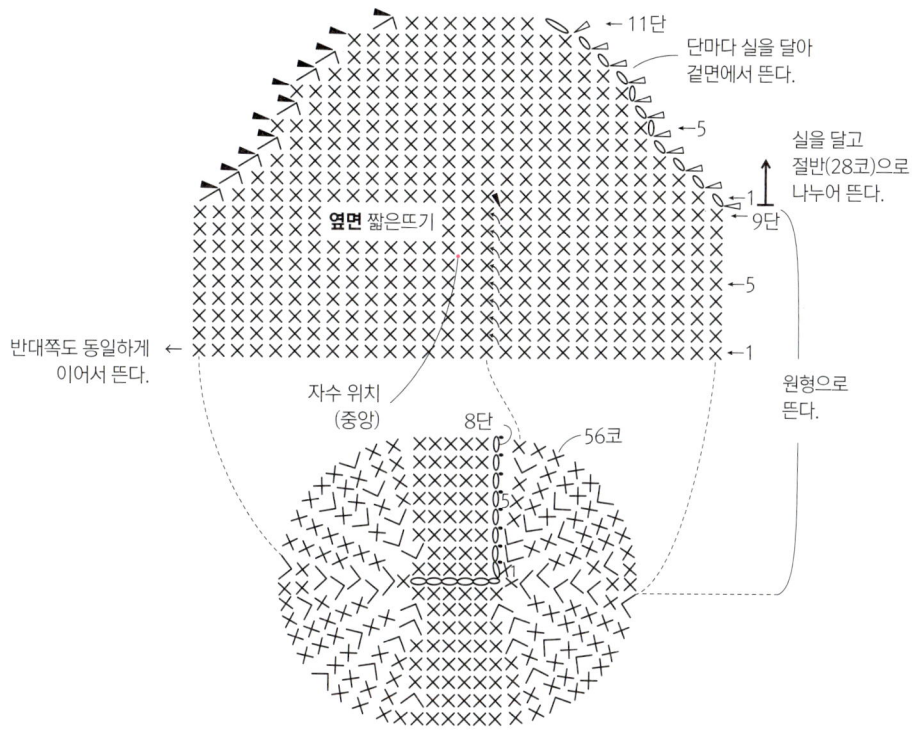

←11단
단마다 실을 달아
겉면에서 뜬다.

←5

실을 달고
절반(28코)으로
나누어 뜬다.

옆면 짧은뜨기

←1
←9단

←5

반대쪽도 동일하게 ←
이어서 뜬다.

←1

자수 위치
(중앙)

8단

56코

원형으로
뜬다.

※ 자수 도안 A·B 공통
하프 크로스스티치

중앙

중앙

■ 8200 빨간색
△ 8438 짙은 핑크색
▮ 8452 핑크색
○ 8432 연한 핑크색
╱ 8094 레몬색
✕ 8118 노란색
■ 9120 녹색
△ 9116 연녹색

※ 기호의 명칭

○ = 사슬뜨기
✕ = 짧은뜨기
• = 빼뜨기
╲ · ⋎ = 짧은뜨기 2코 늘려뜨기
╱╲ · ⋏ = 짧은뜨기 2코 모아뜨기
◁ = 실을 단다
◀ = 실을 자른다

LACY CHOU CHOU 레이스 슈슈

재료

실 유자와야 먼셀 메리노 퀸(중세사)[1타래 40g] 핑크색(1057) 20g, 파란색(1038) 15g, 터쿼이즈색(1039)·장미색(1058) 각 10g, 빨간색(1005)·머스터드색(1020)·녹색(1030)·잉크블루색(1040) 각 소량

기타 안지름 5cm 머리 고무줄 2개   **바늘** 2/0호 코바늘

완성 치수 바깥지름 16cm, 안지름 5cm

만드는 법 **POINT** 실은 1가닥으로 뜬다.

1 머리 고무줄에 짧은뜨기를 한 다음 무늬뜨기로 5단을 뜬다. 배색실로 바꾸어 테두리뜨기를 한다.
2 꽃 모티프와 잎을 지정 배색대로 떠서 슈슈에 단다.

※ **본체**

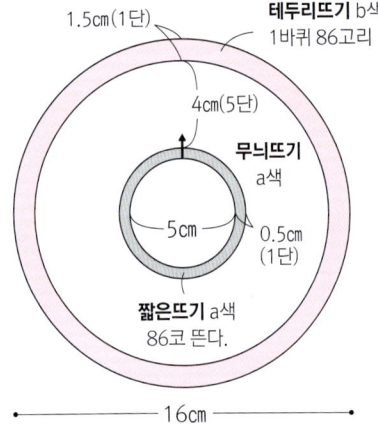

1.5cm(1단)
테두리뜨기 b색
1바퀴 86고리
4cm(5단)
무늬뜨기 a색
5cm
0.5cm (1단)
짧은뜨기 a색
86코 뜬다.
16cm

※ **꽃 모티프** c~f색 각 1장

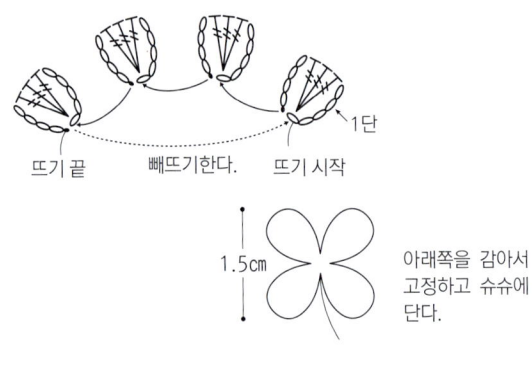

뜨기 끝   빼뜨기한다.   뜨기 시작   1단

1.5cm

아래쪽을 감아서 고정하고 슈슈에 단다.

※ **잎**

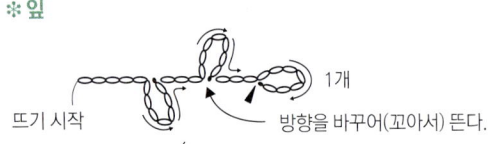

뜨기 시작   방향을 바꾸어(꼬아서) 뜬다.   1개
4cm

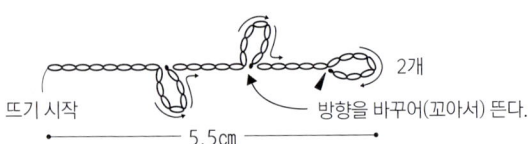

뜨기 시작   방향을 바꾸어(꼬아서) 뜬다.   2개
5.5cm

178

❋ 슈슈 기호 도안

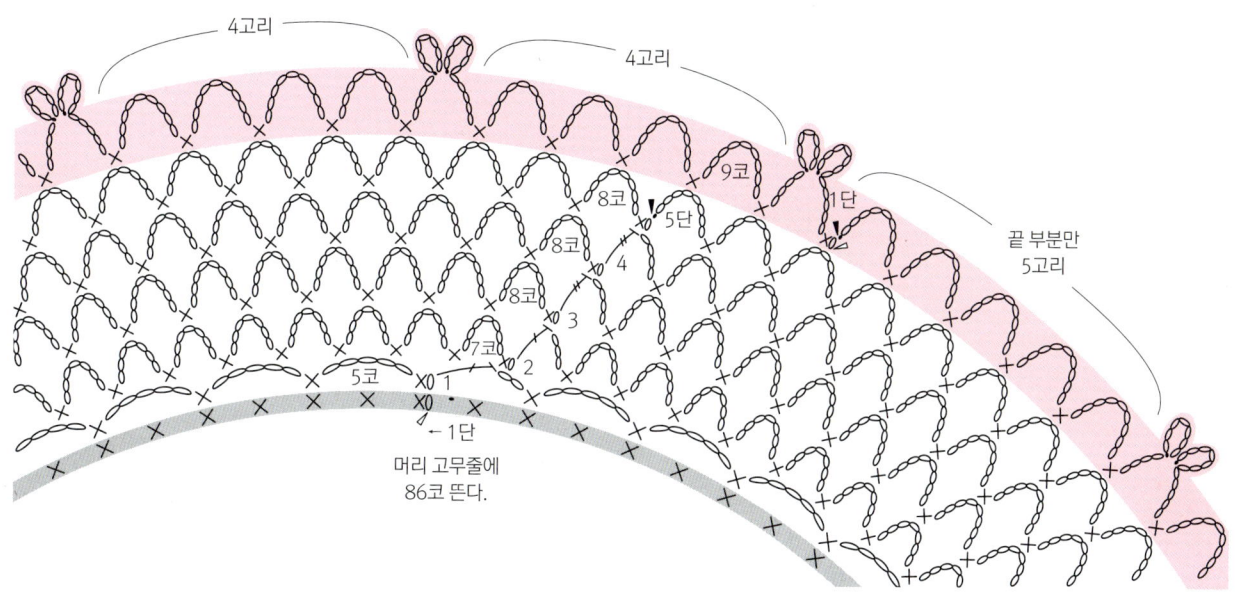

4고리

4고리

4고리

끝 부분만
5고리

9코

8코

8코

8코

7코

5단

1단

4

3

2

5코 X0 1

X0 •

← 1단

머리 고무줄에
86코 뜬다.

❋ 배색

A 핑크색		
본체	a색	핑크색
	b색	장미색
꽃 모티프	c색	머스터드색
	d색	빨간색
	e색	터쿼이즈색
	f색	잉크블루색
잎		녹색

B 파란색		
본체	a색	파란색
	b색	터쿼이즈색
꽃 모티프	c색	핑크색
	d색	빨간색
	e색	잉크블루색
	f색	머스터드색
잎		녹색

❋ 완성 방법

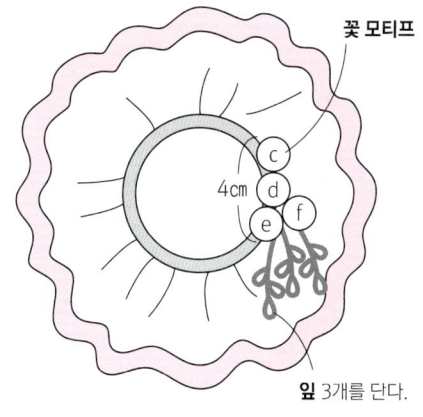

꽃 모티프

4cm

c
d
f
e

잎 3개를 단다.

❋ 기호의 명칭

- ◯ = 사슬뜨기
- ✕ = 짧은뜨기
- • = 빼뜨기
- ⊤ = 한길긴뜨기
- ⊤ = 두길긴뜨기
- ⊪ = 두길긴뜨기 3코 늘려뜨기
- ◊ = 사슬 7코 피코뜨기
- ◁ = 실을 단다
- ◀ = 실을 자른다

FLOWER CUSHION 거베라 꽃 코르사주

재료

실 앵커 아트 4238(타피스리 울)[1타래 10m] 짙은 노란색(8118) · 엷은 핑크색(8392) · 밝은 핑크색(8434) · 보랏빛 핑크색(8456) 각 1타래

바늘 5/0호 코바늘

완성 치수 지름 8.5㎝

만드는 법 **POINT** 실은 1가닥으로 뜬다.

실 고리로 코를 만들어 뜨기 시작한다. 지정 배색대로 뜬다.

※ **배색**

7단	엷은 핑크색
4~6단	밝은 핑크색
3단	보랏빛 핑크색
1·2단	짙은 노란색

※ **기호의 명칭**

◯ =	사슬뜨기
✕ =	짧은뜨기
● =	빼뜨기
=	짧은뜨기 줄기뜨기 2코 늘려뜨기
=	두길긴뜨기 2코 구슬뜨기
=	세길긴뜨기 2코 구슬뜨기
◁ =	실을 단다
◀ =	실을 자른다

※ **코르사주 기호 도안**

8.5㎝

ROSE CORSAGE 장미꽃 코르사주

재료

실 앵커 아트 4238(타피스리 울)[1타래 10m] 보랏빛 핑크색(8456)·핑크색(8452)·연한 핑크색(8432)·녹색(9102) 각 1타래, 빨간색(8200) 0.5타래, 밝은 녹색(9156) 소량

기타 브로치 핀 1개   **바늘** 5/0호 코바늘   **완성 치수** 9×7㎝

만드는 법   **POINT** 실은 1가닥으로 뜬다.

1 장미 꽃잎과 토대는 실 고리로 코를 만들어 뜨기 시작한다. 잎은 사슬뜨기로 코를 만들고 사슬뜨기 반 코와 뒷산을 주워 뜬다. 반대쪽은 사슬뜨기 반 코를 주워 되돌아간다. 지정 배색대로 지정 장수를 뜬다.

2 각 부분을 도안과 같이 배치해 토대에 단다.

❈ 장미 꽃잎

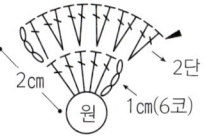

A 빨간색 1장

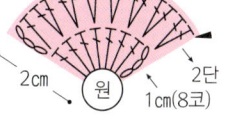

B 빨간색 2장

C 보랏빛 핑크색 3장

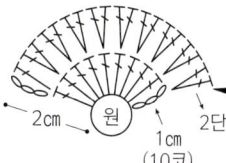

D 핑크색 4장
E 연한 핑크색 3장

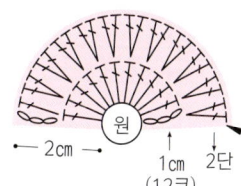

❈ 기호의 명칭

- ◯ = 사슬뜨기
- ✕ = 짧은뜨기
- • = 빼뜨기
- ⩔ = 짧은뜨기 2코 늘려뜨기
- ┬ = 긴뜨기
- ￐ = 한길긴뜨기
- ⩒ = 한길긴뜨기 2코 늘려뜨기
- ￐ = 두길긴뜨기
- ◈ = 사슬 4코 피코뜨기
- ◈ = 사슬 5코 피코뜨기
- ◀ = 실을 자른다

❈ 토대 녹색 1장

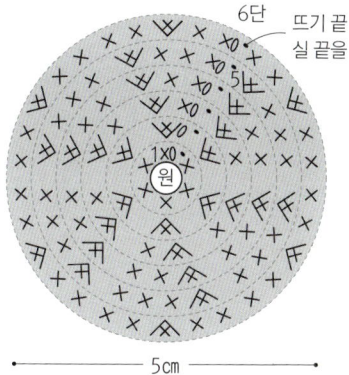

6단   뜨기 끝
실 끝을 20㎝ 남긴다.

5㎝

❈ 덩굴   a 녹색 1개
b 밝은 녹색 1개

a(사슬 25코)
b(사슬 30코) 만든다.
※ 빡빡하게 떠서 꼰다.

❈ 잎   a 녹색 1장
b 밝은 녹색 1장

2.5㎝

4.5㎝
(사슬 11코) 만든다.

❈ 완성 방법

① 꽃잎 안면을 안쪽으로 해서 A~D 순으로 배치하며 고정한다.

② 잎과 덩굴을 단다.

③ 브로치 핀을 꿰매어 단다.

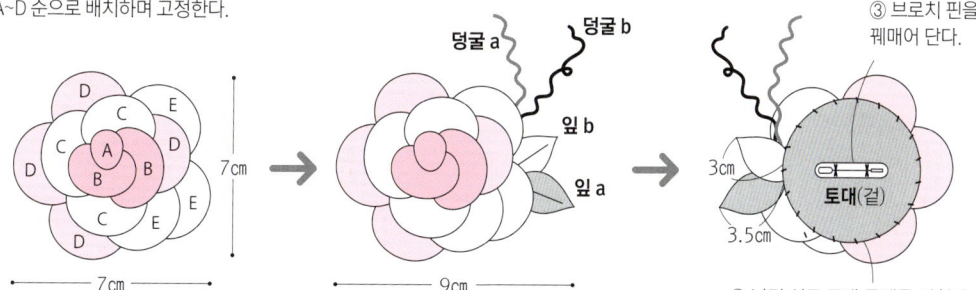

7㎝

7㎝

덩굴 a   덩굴 b

잎 b

잎 a

9㎝

3㎝

3.5㎝

토대(겉)

④ 남긴 실로 토대 둘레를 감친다.

FLOWER BOUQUET CHARM 꽃 장식 참

재료

실 앵커 아트 4238(타피스리 울)[1타래 10m] 녹색(9102) 2타래, 짙은 빨간색(8202)·짙은 핑크색(8454)·밝은 라벤더색(8588)·라벤더색(8590)·터쿼이즈블루색(8806)·민트그린색(8934)·밝은 녹색(9156)·겨자색(9282) 각 1타래

바늘 5/0호, 4/0호 코바늘   **완성 치수** 폭 9cm, 높이 10cm(끈 제외)   **모티프 크기** 도안 참고

만드는 법 **POINT** 실은 1가닥으로 뜬다.

1 지정 배색대로 지정 장수를 뜬다. 장미는 도안과 같이 감고 아래쪽을 꿰매어 고정한다.

2 각 부분을 도안과 같이 배치해 토대에 단다.

❋A 꽃 ①, ② 각 1장
※ 덩굴 외에는 5/0호 코바늘

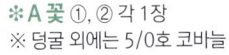
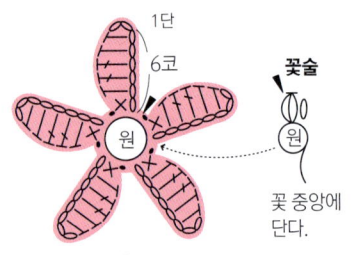

꽃술

꽃 중앙에
단다.

← 5.5cm →

❋A 꽃 배색

①	
꽃	밝은 라벤더색
꽃술	겨자색

②	
꽃	터쿼이즈블루색
꽃술	겨자색

❋ 기호의 명칭

⌒	= 사슬뜨기
×	= 짧은뜨기
•	= 빼뜨기
T	= 긴뜨기
⊥	= 한길긴뜨기
⊥	= 두길긴뜨기
⬮	= 긴뜨기 3코 구슬뜨기
⬮	= 한길긴뜨기 2코 구슬뜨기
⋉	= 짧은뜨기 2코 늘려뜨기
⋀	= 짧은뜨기 2코 모아뜨기
⬦	= 사슬 3코 피코뜨기
◀	= 실을 자른다

❋B 꽃 1장

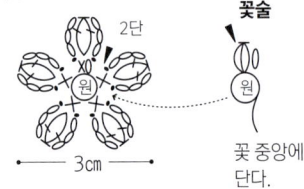

2단

꽃술

꽃 중앙에
단다.

← 3cm →

❋B 꽃 배색

꽃	민트그린색
꽃술	겨자색

❋C 장미 ① 짙은 빨간색, ② 짙은 핑크색 각 1장

실 끝을 20cm 남긴다.

뜨기 시작

1단

사슬뜨기 25코를 만든다.

❋ 장미 완성 방법

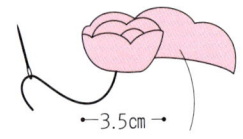

← 3.5cm →

안면을 안쪽으로 감고
아래쪽을 꿰매어 고정한다.

❋ D 꽃 겨자색 1장

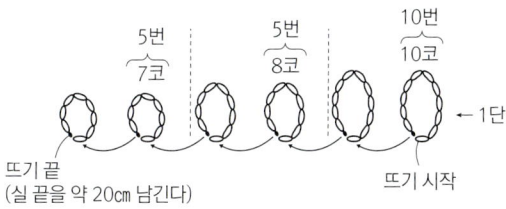

5번
7코

5번
8코

10번
10코

←1단

뜨기 끝
(실 끝을 약 20㎝ 남긴다)

뜨기 시작

❋ E 잎
① 밝은 녹색, ② 녹색 각 1장

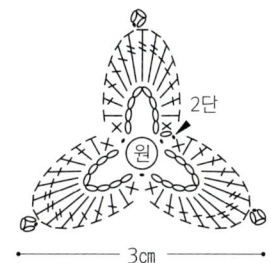

2단

원

◆——— 3cm ———◆

❋ F 열매 라벤더색 2개

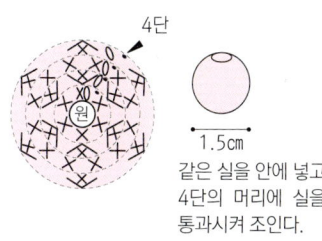

4단

원

◆— 1.5cm —◆

같은 실을 안에 넣고
4단의 머리에 실을
통과시켜 조인다.

❋ 꽃 완성 방법

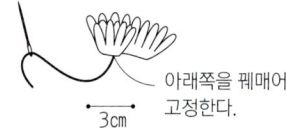

◆— 3cm —◆

아래쪽을 꿰매어
고정한다.

❋ H 꽃봉오리
① 밝은 라벤더색 1장   ② 짙은 핑크색 1장

←1단

←1단

뜨기 끝

뜨기 끝

❋ G 끈
① 밝은 녹색, ② 녹색 각 1개

←1단

❋ I 덩굴 각 1개
4/0호 코바늘로 빡빡하게 떠서 꼰다.

① (사슬뜨기 20코) 밝은 녹색
② (사슬뜨기 25코) 녹색

❋ 토대 녹색 1장

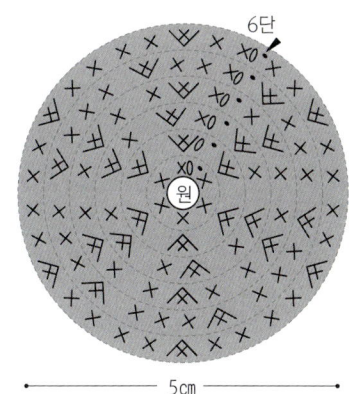

6단

원

◆——— 5cm ———◆

❋ 완성 도안

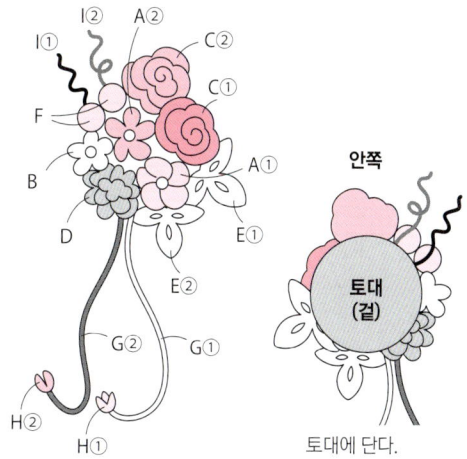

I② A② C②
C①
I①
F A①
B E①
D E②
G② G①
H② H①

안쪽

토대
(겉)

토대에 단다.

미니 무릎담요의 꽃 모티프

20-21p

모티프 중앙의 꽃잎은 1장 뜰 때마다 꼬아서
꽃잎 8장을 입체적으로 완성합니다.

사슬뜨기로 코 만들기

01 사슬뜨기 7코를 뜬다(192쪽 참고).

02 1번째 사슬 반 코에 코바늘을 넣고 실을 걸어서 빼낸다.

03 사슬뜨기 7코로 원형코를 만든다.

1번 꽃잎 1단

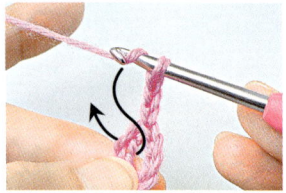

04 기둥코로 사슬 3코를 뜬 다음 실을 걸고 고리 안으로 코바늘을 넣는다.

05 실을 걸고 빼내 한길긴뜨기로 뜬다.

06 한길긴뜨기가 되면 같은 방법으로 한길긴뜨기를 2코 더 뜬다.

2단

07 기둥코로 사슬 3코를 뜨고 뜨개바탕을 시계 반대 방향으로 돌린다.

08 실을 걸고 앞단의 코에 한길긴뜨기로 3코를 뜬다.

2번 꽃잎 1단

09 2단을 뜨면 꽃잎이 1장 완성된다.

10 사슬 4코를 뜨고 시작코 고리를 시계 방향으로 돌린다.

11 실을 걸고 고리 안으로 코바늘을 넣는다.

12 실을 걸고 빼내 한길긴뜨기로 4코를 뜬다.

2단

13 기둥코로 사슬 3코를 뜨고 7~8과 같이 한길긴뜨기로 3코를 뜬다.

3번 꽃잎 1단

14 사슬 4코를 뜨고 10과 같이 시작코 고리를 시계 방향으로 돌린다.

15 11과 같이 실을 걸고 고리 안으로 코바늘을 넣는다.

16 실을 걸고 빼내 한길긴뜨기로 4코 뜬다. 10~13을 반복해 꽃잎 8장을 뜬다.

17 꽃잎을 뜬 뒤에 사슬 4코를 뜨고 1번째 꽃잎 1단의 사슬 3번째 코에 코바늘을 넣는다.

18 실을 걸고 빼낸 뒤 자른다.

19 꽃잎 8장이 완성된다.

20 실을 처리한다. 이때는 돗바늘에 실을 꿰어 뜨개바탕 안쪽으로 넣으면 된다.

3단

21 배색실로 바꾸어 기둥코인 사슬코를 묶음으로 줍고(194쪽 참고) 실을 빼낸다.

22 다시 실을 걸어 기둥코인 사슬 1코를 뜬다.

23 묶음으로 주워 짧은뜨기로 1코 뜬다.

24 사슬 3코를 뜬 다음 실을 걸고 사슬뜨기를 묶음으로 줍는다.

25 실을 걸어서 빼낸다.

26 다시 실을 걸고 2개의 고리 안으로 빼내 미완성 한길긴뜨기를 3코 뜬다.

27 그다음 실을 걸고 4개의 고리 안으로 빼낸다.

28 한길긴뜨기 3코 구슬뜨기를 한다.

29 사슬 3코를 뜬 다음 25와 같은 곳에 한길긴뜨기 3코 구슬뜨기를 한다.

30 기호 도안대로 한 바퀴 뜬다.

31 마지막은 짧은뜨기의 머리에 코바늘을 넣는다.

32 실을 걸어서 빼낸다.

33 3단을 뜨고 실을 자른다.

4단

34 배색실로 바꾸어 사슬뜨기를 묶음으로 줍고 실을 걸어서 빼낸다.

35 기둥코인 사슬 3코를 뜬다.

36 묶음으로 주워 한길긴뜨기 2코, 사슬 1코를 뜬다.

37 기호 도안대로 뜨면서 모서리는 사슬 2코를 뜬다.

38 한 바퀴 뜬다.

39 마지막은 기둥코인 사슬 3번째 코에 코바늘을 넣어 실을 빼낸다.

40 4단이 완성된다.

5단

41 기둥코로 사슬 1코를 뜨고 짧은뜨기를 한다.

42 기호 도안대로 뜨면서 모서리는 사슬 2코를 뜬다.

43 마지막은 짧은뜨기의 머리에 코바늘을 넣어 실을 빼낸다.

44 5단을 뜨고 실을 자른다.

6단

45 배색실로 바꾸어 실을 걸고 빼낸다.

46 기둥코로 사슬 1코를 뜨고 짧은뜨기를 1코 뜬다.

47 사슬 1코와 짧은뜨기 1코를 반복한다.

48 모서리는 사슬 2코를 뜬 다음 기호 도안대로 뜬다.

49 6단을 뜨고 실을 자른다.

7단

50 배색실로 바꾸어서 모티프 모서리를 묶음으로 줍고 실을 빼낸다.

51 기둥코로 사슬 3코를 뜬 다음 다시 사슬 3코를 뜨고 실을 건다.

52 묶음으로 주워 한길긴뜨기를 3코 뜬다.

53 기호 도안대로 뜨면서 모서리는 사슬 3코를 뜬다.

54 53을 반복해 한 바퀴 뜬다.

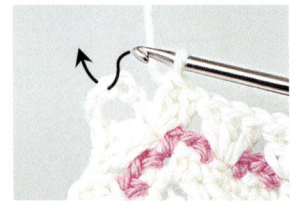

55 마지막은 기둥코인 사슬 3번째 코에 코바늘을 넣어 실을 빼낸다.

56 7단이 완성된다.

57 기둥코를 뜨지 않고 묶음으로 주워 짧은뜨기를 1코 뜬다.

58 이어서 사슬 5코를 뜬다.

59 묶음으로 주워 짧은뜨기를 뜬다.

60 사슬 5코를 뜨고 앞단의 한길긴 뜨기와 한길긴뜨기 사이를 묶음으로 주워 짧은뜨기를 뜬다.

61 한 바퀴 뜬 다음 마지막은 짧은뜨기의 머리로 실을 빼낸다. 8단을 뜨고 실을 자른다.

모티프 연결하는 방법

62 2번째 장 모티프를 8단 모서리의 사슬 2코까지 뜨고 1번째 장에 연결한다.

63 1번째 장 모티프 모서리에 아래쪽에서 코바늘을 넣는다.

64 실을 걸어서 빼낸다.

65 사슬 2코를 뜬다

66 2번째 장 모티프로 되돌아가 짧은뜨기를 한다.

67 같은 과정을 반복해 한 변을 연결한다.

68 모서리의 사슬 2코까지 뜬 다음 **62**와 같이 1번째 장 모티프에 코바늘을 넣고 실을 빼내 한 변을 연결한다.

69 모서리에서 **62**와 같이 1번째 장 모티프에 코바늘을 넣고 실을 빼내 두 변을 연결한다.

70 4장이 연결된다.

테두리뜨기

71 지정 위치를 묶음으로 주워 기둥코인 사슬 1코를 뜬다.
※ 여기부터 배색실로 바꾸어 설명.

72 짧은뜨기 1코, 사슬뜨기 6코를 뜬다.

73 다음 사슬 고리에 짧은뜨기를 한다.

74 기호 도안대로 한 바퀴 뜬다.

75 마지막은 짧은뜨기의 머리에 코바늘을 넣고 실을 빼낸다.

76 테두리뜨기를 한 다음 실을 자르고 처리하면 완성된다.

크로셰 블랭킷

모티프를 연결한 블랭킷을 만드는 자세한 설명이에요.
모티프 A는 꽃잎이 입체적으로 완성됩니다.

실 고리로 코 만들기

모티프 A

01 손가락에 실 끝을 2번 감는다.

02 고리 안으로 코바늘을 넣고 실을 걸어 빼낸다.

1단

03 다시 실을 걸고 빼내 기둥코인 사슬 1코를 뜬다.

04 고리 안으로 코바늘을 넣어 짧은뜨기로 뜬다.

05 같은 과정을 반복해 짧은뜨기로 6코를 뜬다.

06 실 끝을 당겨 고리를 조인 다음 첫 코에 코바늘을 넣고 실을 걸어 빼낸다.

07 1단이 완성된다.

2단

08 기둥코로 사슬 1코를 뜨고 화살표와 같이 코바늘을 넣어 짧은뜨기 1코와 사슬뜨기 3코를 뜬다.

09 1코 건너뛰어 짧은뜨기로 뜬다. 이 과정을 반복한다.

10 첫코로 실을 빼내어 자르면 2단이 완성된다.

3단

11 사슬을 묶음으로 줍는다(194쪽 참고).

12 배색실로 바꾸어 실을 걸고 빼내 기둥코인 사슬 1코를 뜬다.

13 짧은뜨기를 1코 뜨고 코바늘에 실을 걸어 긴뜨기를 한다.

14 긴뜨기를 한 모습.

15 기호 도안대로 짧은뜨기까지 뜬 다음 같은 과정을 반복한다.

16 첫 코로 실을 빼내면 3단이 완성된다.

4단

17 기둥코로 사슬 2코를 뜬다.

18 3단 긴뜨기 안면의 실 2가닥을 줍는다.

19 짧은뜨기를 한다.

20 사슬 3코를 뜬다.

21 18과 같이 긴뜨기 안면을 주워 짧은뜨기를 한다.

22 같은 과정을 반복해 한 바퀴 뜨고 첫 코로 실을 빼낸다(사진은 안면에서 본 모습).

5단

23 기둥코로 사슬 1코를 뜨고 4단을 묶음으로 주워 기호 도안대로 한 바퀴 뜬다.

6·7단

24 첫코로 실을 빼내어 5단을 뜨고 6~7단을 기호 도안대로 뜬다.

25 7단을 뜨고 실을 자른다.

8단

26 7단의 한길긴뜨기에 코바늘을 넣는다.

27 배색실로 바꾸어 실을 걸고 빼낸다. 기둥코인 사슬 1코를 뜬다.

28 27과 같은 코에 코바늘을 넣어 짧은뜨기를 1코 뜬다.

29 사슬 5코를 뜨고 코바늘에 실을 2번 건다.

30 앞단의 한길긴뜨기에 코바늘을 넣는다.

31 코바늘에 실을 걸고 2개의 고리 안으로 빼낸다.

32 다시 실을 걸고 2개의 고리 안으로 빼낸다.

33 미완성 두길긴뜨기 모습.

34 같은 곳에 코바늘을 넣고 같은 과정을 2번 더 반복한다.

35 3코를 뜬 모습. 코바늘에 실을 걸어 빼낸다.

36 두길긴뜨기 3코 구슬뜨기 모습.

37 기호 도안대로 한 바퀴 뜨고 첫코로 실을 빼낸다.

38 8단을 뜨고 실을 자른다.

9단

39 앞단에서 빼뜨기한 코에 코바늘을 넣는다.

40 배색실로 바꾸어 기둥코인 사슬 3코를 뜨고 같은 코에 코바늘을 넣어 한길긴뜨기를 3코 뜬다.

41 다음 3코는 묶음으로 주워 한길긴뜨기를 한다.

42 묶음으로 주워 뜬 모습. 같은 과정을 반복해 한 바퀴 뜬다.

43 9단을 뜨고 실을 자른다.

10단

44 묶음으로 주워 배색실을 빼낸다.

45 기둥코로 사슬 3코를 뜨고 묶음으로 주워 한길 긴뜨기를 한 바퀴 뜬다.

46 마지막은 기둥코인 사슬 3번째 코에 코바늘을 넣는다.

47 실을 걸어 빼낸다.

48 10단이 완성된다.

11단

49 기둥코로 사슬 3코를 뜨고 묶음으로 주워 한길 긴뜨기로 한 바퀴 뜬다.

50 첫코로 실을 빼내고 자른다.

모티프 B

한길긴뜨기는 묶음으로 주워 지정 배색에 따라 기호 도안대로 뜬다.

실 처리

실을 가르듯 3~4코에 돗바늘을 넣은 뒤 그 옆 반대 방향으로 동일하게 넣는다.

모티프를 휘감치기로 연결하기 ※ 연결하는 실은 모티프 마지막 단의 색 하나를 사용한다(사진에서는 다른 색 실 사용).

01 모서리의 사슬뜨기 반 코에 실을 통과시킨다.

02 실을 통과시킨 왼쪽 모티프 코에 돗바늘을 넣는다.

03 오른쪽·왼쪽 모티프 모두 사슬의 바깥쪽 반 코를 뜬다.

04 한 땀을 휘감칠 때마다 실을 당긴다.

05 가로 방향으로 휘감친 다음 세로 방향도 동일하게 휘감치며 모서리에 구멍이 나지 않게 실을 당긴다.

테두리뜨기

01 사슬 5코를 뜨고 기둥코로 사슬 3코를 뜬다.

02 코바늘에 실을 1번 걸고 4코 앞쪽의 사슬 반 코와 뒷산에 코바늘을 넣는다.

03 미완성 한길긴뜨기를 3코 뜨고 코바늘에 실을 걸어 빼낸다.

04 한길긴뜨기 3코 구슬뜨기한 모습.

05 사슬 4코를 뜬 다음 코바늘에 실을 1번 걸고 1번째 사슬에 코바늘을 넣는다.

06 미완성 한길긴뜨기를 3코 뜨고 코바늘에 실을 걸어 빼낸다.

07 2와 같은 코에 코바늘을 넣어 실을 빼낸다.

08 구슬뜨기가 완성된다.

09 사슬뜨기 5코, 짧은뜨기 1코를 뜬다.

10 같은 과정을 반복해 한 바퀴 뜨고 첫코로 실을 빼내면 테두리뜨기가 완성된다.

미니 토트백의 꽃 모티프

76p

모티프 A, B, C를 만드는 자세한 설명이에요.
입체적인 중심 부분은 배색실을 달아 모티프 중심에서 주우면 됩니다.

1단

01 실 고리로 코를 만들고 (188쪽 참고) 기둥코로 사슬 1코를 뜬다. 짧은뜨기를 10코 뜨고 첫코로 실을 빼낸 뒤 자른다.

2단

02 사슬의 뒤쪽 반 코에 코바늘을 넣는다.

03 배색실로 바꾸어 실을 걸고 빼낸다.

04 사슬 5코를 뜨고 코바늘에 실을 2번 건다.

05 2와 같은 코에 코바늘을 넣고 실을 빼낸 뒤 고리 2개를 통과시킨다.

06 다시 실을 걸고 2개의 고리 안으로 빼낸다.

07 미완성 두길긴뜨기를 1코 뜨고 코를 같은 방법으로 주워 2코 뜬다.

08 미완성 두길긴뜨기를 3코 뜬 다음 실을 걸어 4개의 고리 안으로 빼낸다.

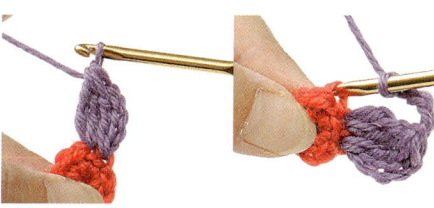

09 실을 빼낸 모습. 사슬 5코를 뜨고 다음 코에 실을 빼낸다.

가운데 꽃잎

10 1무늬를 뜬다. 같은 과정을 반복해 한 바퀴 뜬다.

11 첫코로 실을 빼내고 자른다.

12 2단이 완성된다.

13 1단 짧은뜨기의 반 코에 코바늘을 넣는다.

14 배색실로 바꾸어 코바늘에 실을 걸고 빼낸다.

15 사슬 5코를 뜬다.

16 1코 건너뛰어 짧은뜨기의 반 코에 코바늘을 넣고 실을 빼낸다.

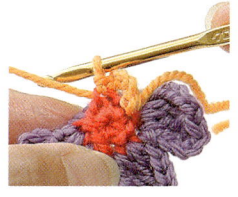

17 사슬뜨기를 한다. 같은 과정을 반복해 한 바퀴 뜨고 첫코로 실을 빼낸다.

18 15cm 정도 남기고 실을 자른 다음 이 실로 가방에 꿰매어 고정한다.

19 모티프 B, C도 같은 방법으로 뜬다.

191

기본 뜨개법 배우기

★ 코바늘뜨기의 기초

⬭ 코 만들기(사슬뜨기)

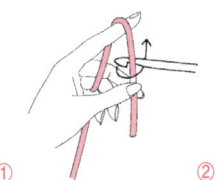
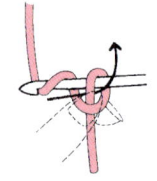
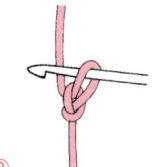
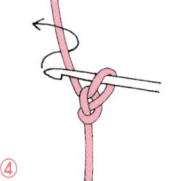
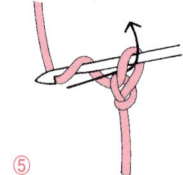
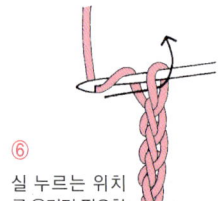

① 코바늘을 실 뒤쪽에 놓고 6자를 쓰듯이 돌려서 실 고리를 만든다.

② 실 고리의 교차된 곳을 왼손 중지와 엄지로 누르고 코바늘에 실을 걸어 빼낸다.

③ 그다음 실 고리를 빡빡하게 조인다. 이 코는 1코로 세지 않는다.

④ 화살표와 같이 코바늘에 실을 건다.

⑤ 실을 빼낸다. ④, ⑤를 반복한다.

⑥ 실 누르는 위치를 옮기며 필요한 콧수를 떠서 시작코로 삼는다.

실 고리로 코 만들기 ★그림은 짧은뜨기. 뜨개코가 달라도 같은 요령으로 뜬다.

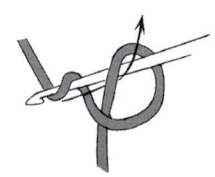
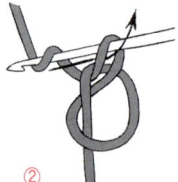
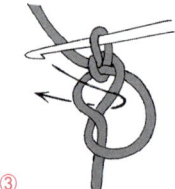
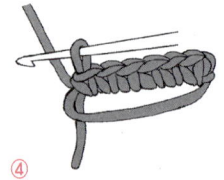
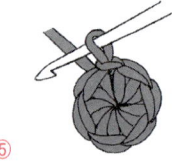

① 코 만들기 ①, ②와 같은 요령으로 실 고리를 만들고 코바늘에 실을 걸어 빼낸다(실 고리를 2겹으로 하는 방법은 188쪽 참고).

② 빼낸 실로 기둥코인 사슬 1코를 뜬다.

③ 화살표와 같이 코바늘에 실을 건다.

④ ③을 반복해 실 고리에 짧은뜨기를 필요한 콧수만큼 뜬다. 실 끝은 함께 주워 뜬다.

⑤ 뜨기 시작 쪽의 실 끝을 당겨서 실 고리를 조인 다음 기둥코에 빼뜨기해서 원형으로 만든다. 실 고리를 2겹으로 했을 때는 실 끝에서 먼 쪽 고리부터 차례로 조인다.

✕ 짧은뜨기

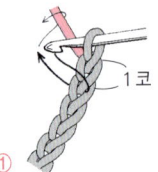
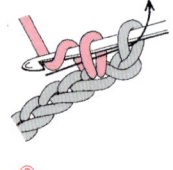
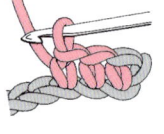

① 기둥코인 사슬 1코를 건너뛰고 다음 코에 코바늘을 넣어 실을 걸어 빼낸다.

② 다시 한 번 실을 걸고 코바늘에 걸린 2개의 고리 안으로 한꺼번에 빼낸다.

③ 같은 과정을 반복해 필요한 콧수를 뜬다.

⊤ 긴뜨기

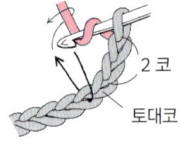
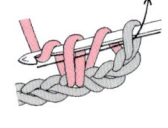
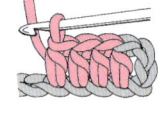

① 코바늘에 실을 걸고 기둥코인 사슬 2코와 토대코 1코를 건너뛴 다음 코에 화살표와 같이 코바늘을 넣고 실을 걸어 빼낸다.

② 다시 한 번 실을 걸고 코바늘에 걸린 3개의 고리 안으로 한꺼번에 빼낸다.

③ 같은 과정을 반복해 필요한 콧수를 뜬다.

⊤ 한길긴뜨기

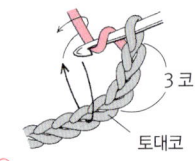
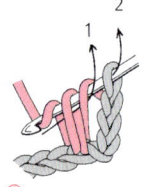
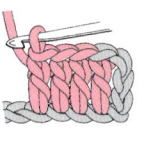

① 코바늘에 실을 걸고 기둥코인 사슬 3코와 토대코 1코를 건너뛴 다음 코에 화살표와 같이 코바늘을 넣고 실을 걸어 빼낸다.

② 다시 한 번 실을 걸고 코바늘에 걸린 2개의 고리 안으로 빼낸다. 이 과정을 2번 반복한다.

③ 같은 과정을 반복해 필요한 콧수를 뜬다.

⊤ 두길긴뜨기

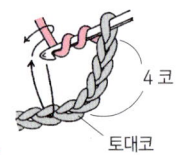
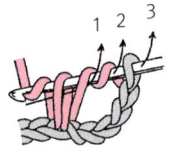
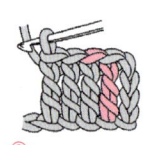

① 코바늘에 실을 2번 걸고 기둥코인 사슬 4코와 토대코 1코를 건너뛴 다음 코에 화살표와 같이 코바늘을 넣고 실을 걸어 빼낸다.

② 다시 한 번 실을 걸고 코바늘에 걸린 2개의 고리 안으로 빼낸다. 이 과정을 3번 반복한다.

③ 같은 과정을 반복해 필요한 콧수를 뜬다.

세길긴뜨기 ★네길긴뜨기·다섯길긴뜨기도 같은 요령으로 뜬다.

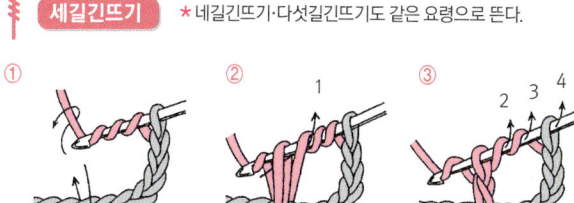

기둥코인 사슬 5코를 뜨고 코바늘에 실을 3번 건다. 화살표와 같이 실을 빼낸 뒤 2개의 고리 안으로 4번 빼낸다.

빼뜨기

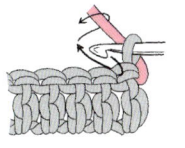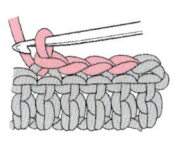

① 기둥코인 사슬코는 뜨지 않는다. 마지막 코에 코바늘을 넣는다.

② 코바늘에 실을 걸고 한꺼번에 빼낸다.

③ 같은 과정을 반복한다.

짧은뜨기 2코 모아뜨기

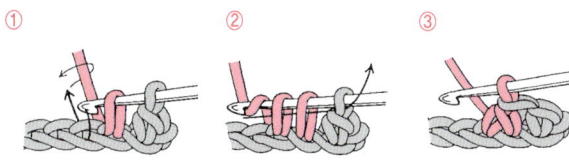

앞단에서 1코씩 2번 실을 빼낸다. 실을 걸고 코바늘에 걸린 3개의 고리 안으로 한꺼번에 빼낸다.

짧은뜨기 2코 늘려뜨기 ★콧수가 늘어도 같은 요령으로 뜬다.

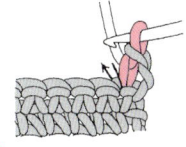

① 앞단 1코에 짧은뜨기를 2코 넣어 코를 늘린다.

② 1코가 늘어난 모습.

이랑뜨기와 줄기뜨기

이랑뜨기　　　　　　줄기뜨기

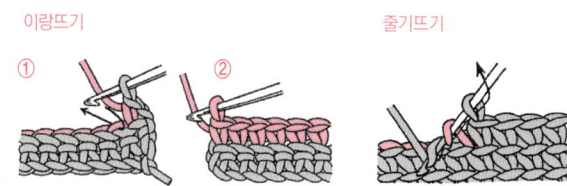

앞단의 뒤쪽 반 코를 줍는다. 이랑뜨기와 줄기뜨기는 기호가 같지만 이랑뜨기는 왕복뜨기, 줄기뜨기는 한 방향으로 뜬다.

한길긴뜨기 2코 늘려뜨기

★콧수가 늘어도 같은 요령으로 뜬다.

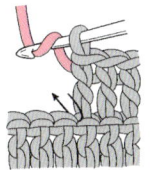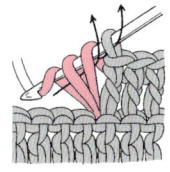

① 한길긴뜨기를 1코 뜬 다음 코바늘에 실을 걸고 다시 한 번 같은 코 앞쪽에 코바늘을 넣는다.

② 실을 빼내어 한길긴뜨기를 1코 더 뜬다.

긴뜨기 3코 구슬뜨기 ★콧수가 늘어도 같은 요령으로 뜬다.

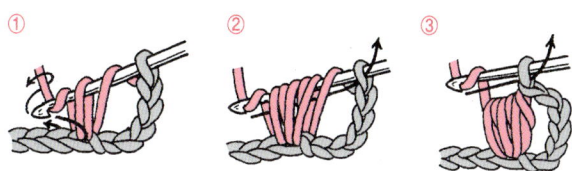

코바늘에 실을 걸고 화살표와 같이 실을 빼내는 과정을 3번 반복한 뒤 코바늘에 걸린 7개의 고리 안으로 한꺼번에 빼낸다.

한길긴뜨기 3코 구슬뜨기

★콧수가 늘어도 같은 요령으로 뜬다.

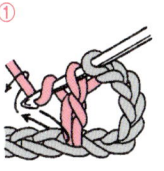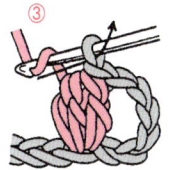

코바늘에 실을 걸고 화살표와 같이 실을 빼낸 뒤 다시 한 번 코바늘에 실을 걸어 2개의 고리 안으로 빼내는 과정을 3번 반복한다. 그다음 코바늘에 걸린 4개의 고리 안으로 한꺼번에 빼낸다.

사슬 3코 피코뜨기

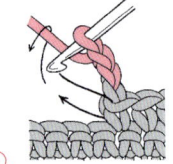 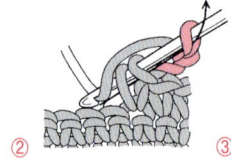 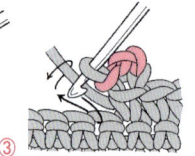

① 피코뜨기를 할 위치에서 사슬 3코를 뜨고 화살표와 같이 코바늘을 넣는다.

② 코바늘에 실을 걸고 한꺼번에 빼내면 둥근 혹 같은 부분이 생긴다.

③ 피코뜨기를 뜬 모습. 그다음 코를 뜨고(그림은 짧은뜨기) 지정 간격으로 피코뜨기를 반복한다.

되돌아 짧은뜨기

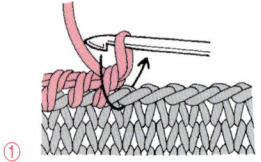 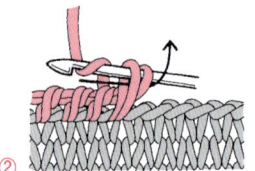

① 화살표와 같이 코바늘을 넣고 실을 걸어 빼낸다. 이때 왼쪽에서 오른쪽으로 진행한다.

② 코바늘에 실을 걸고 2개의 고리 안으로 한꺼번에 빼낸다.

앞걸어뜨기(한길긴뜨기)

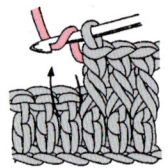 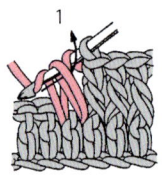 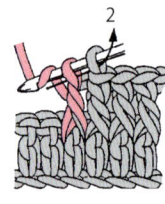

코바늘에 실을 걸고 앞단 뜨개코 앞쪽에 코바늘을 넣어 가로 방향으로 줍고 실을 길게 빼낸다. 코바늘에 걸린 2개의 고리 안으로 2번 빼낸다.

기호 보는 방법

아래쪽이 붙어 있을 경우

앞단 사슬코를 갈라서 코바늘을 넣어 뜬다.

아래쪽이 떨어져 있을 경우

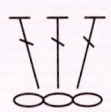

앞단 사슬코를 가르지 않고 사슬뜨기 전체를 묶음으로 주워 뜬다.

✱ 대바늘뜨기의 기초

일반적인 코 만들기(손가락에 실 걸기)

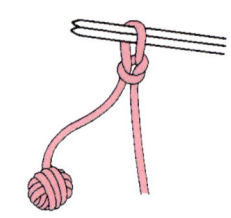 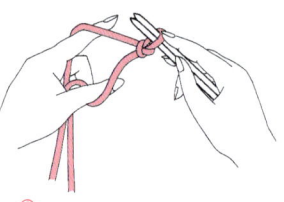 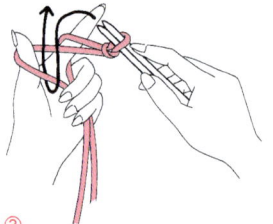 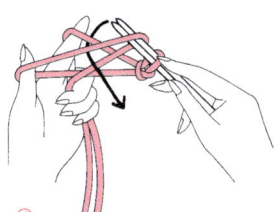

① 뜨개바탕 폭의 3.5배만큼 실 끝을 남겨 고리를 짓고 두 대바늘에 걸어 1코를 만든다.

② 왼손 엄지손가락에 짧은 실을 건다.

③ 엄지손가락 쪽에서 화살표와 같이 대바늘을 넣는다.

④ 검지에 걸린 실을 대바늘로 뜬다.

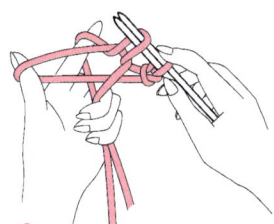 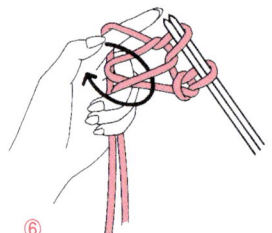 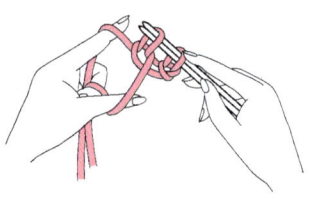 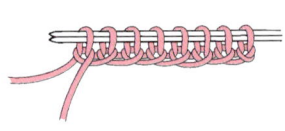

⑤ 실을 빼낸다.

⑥ 엄지손가락을 빼서 실을 당긴다.

⑦ 2번째 코를 만든 모습. ②~⑥을 반복한다.

⑧ 같은 요령으로 필요한 콧수를 만든다.

▎겉뜨기

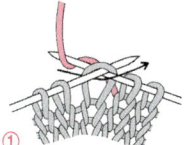

① 실을 뒤쪽에 놓는다. 왼쪽 바늘의 코 안에 오른쪽 바늘을 앞쪽에서 넣고, 오른쪽 바늘 끝에 실을 아래에서 위로 건다.

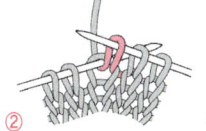

② 왼쪽 바늘의 코 안에서 실을 앞쪽으로 빼낸다.

③ 오른쪽 바늘로 실을 빼내고 왼쪽 바늘의 코를 빼면 겉뜨기가 완성된다.

▬ 안뜨기

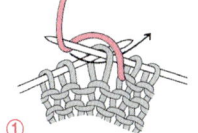

① 실을 앞쪽에 놓는다. 왼쪽 바늘의 코 안에 오른쪽 바늘을 뒤쪽에서 넣고, 오른쪽 바늘 끝에 실을 위에서 아래로 건다.

② 왼쪽 바늘의 코 안에서 실을 뒤쪽으로 빼낸다.

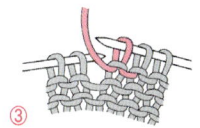

③ 오른쪽 바늘로 실을 빼내고 왼쪽 바늘의 코를 빼면 안뜨기가 완성된다.

﹀ 오른코 겹쳐 2코 모아뜨기

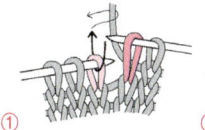

① 코를 오른쪽 바늘에 넣고 왼쪽 바늘에 걸린 코를 겉뜨기로 뜬다.

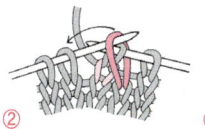

② 오른쪽 바늘에 넣은 코를 뜬 코에 덮어씌운다.

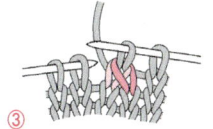

③ 오른쪽 코가 왼쪽 코 위에 겹쳐진다.

﹀ 왼코 겹쳐 2코 모아뜨기

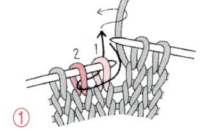

① 왼쪽 바늘의 2코에 화살표와 같이 오른쪽 바늘을 넣는다.

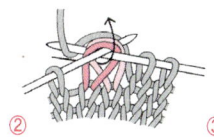

② 2코를 한꺼번에 겉뜨기로 뜬다.

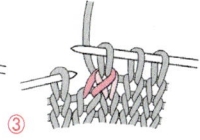

③ 실을 빼내어 오른쪽 바늘로 코를 옮기면 왼쪽 코가 오른쪽 코 위에 겹쳐진다.

⬭ 덮어씌우기(덮어씌워 코막음)

겉쪽

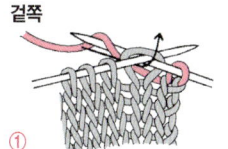

① 겉뜨기로 2코를 뜬다.

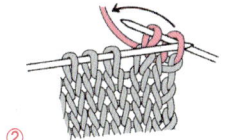

② 1번째 코를 2번째 코에 덮어씌운다.

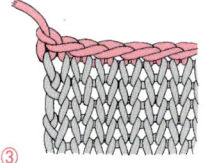

③ 다음 코도 겉뜨기로 뜨고, 앞쪽 코를 덮어씌우는 과정을 반복한다.

안쪽

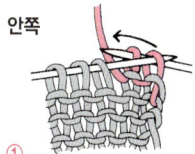

① 안뜨기를 2코 뜨고, 1번째 코를 2번째 코에 덮어씌운다.

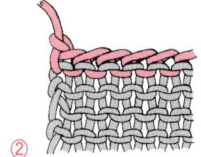

② 다음 코도 안뜨기로 뜨고, 앞쪽 코를 덮어씌우는 과정을 반복한다.

떠서 꿰매기(1코)

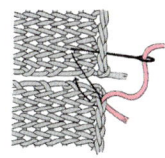

① 뜨개바탕을 겉끼리 맞대고 돗바늘로 1코를 뜬다.

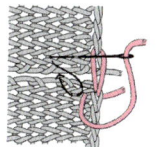

② 처음은 그림과 같이 실을 빼낸다.

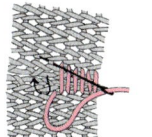

③ 가장자리에서 1코 안쪽을 1단씩 번갈아 뜬다.

◯ 걸기코

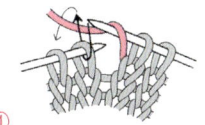

① 오른쪽 바늘에 실을 건 뒤 이 실을 오른손 검지로 누르고 다음 코에 오른쪽 바늘을 넣는다.

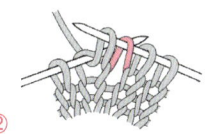

② 겉뜨기를 한다. ①에서 건 실이 걸기코가 된다.

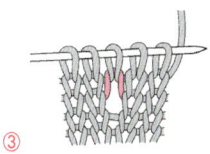

③ 다음 단에서 바늘에 건 코를 겉뜨기로 뜨면 구멍이 생긴다.

⋏ 중심 3코 모아뜨기

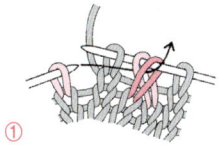

① 왼코 겹쳐 2코 모아뜨기 ①의 요령으로 왼쪽 바늘의 2코에 오른쪽 바늘을 한꺼번에 넣고 뜨지 않은 채로 옮긴다. 다음 코를 겉뜨기로 뜬다.

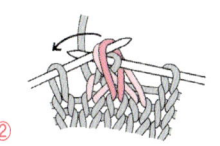

② 옮긴 2코를 겉뜨기로 뜬 코에 덮어씌운다.

③ 가운데 코가 위쪽에 겹쳐진다.

오른쪽

뜨기 끝 쪽에 지정 콧수 남기기, 뜨기 시작 쪽에 걸기코와 걸러뜨기 1코 뜨기를 2단마다 번갈아 반복한다. 단 없애기(안면을 보며 뜨기)에서는 걸러뜨기 다음 코와 걸기코 위치를 바꾸고 2코 모아뜨기를 해서 단이 어긋난 것을 정돈한다.

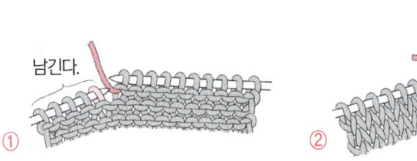

① 남긴다.

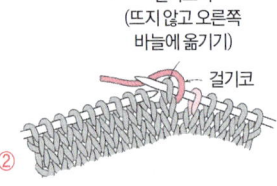

② 걸러뜨기
(뜨지 않고 오른쪽 바늘에 옮기기)
걸기코

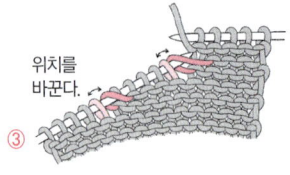

③ 위치를 바꾼다.

왼쪽

오른쪽과 같은 요령으로 뜨는데 뜨기 끝 쪽에서 남기므로 왼쪽은 겉면을 보고 뜰 때 코를 남긴다.

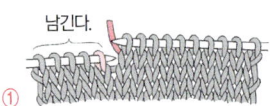

① 남긴다.

② (뜨지 않고 오른쪽 바늘에 옮기기)
걸기코

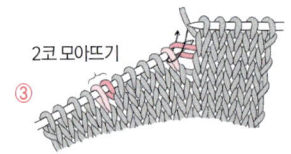

③ 2코 모아뜨기

늘려가는 되돌아뜨기

뜨는 콧수를 늘리면서 떠나가기, 뜨기 시작 쪽에 걸기코와 걸러뜨기 1코 뜨기를 2단마다 번갈아 반복해 진행한다.

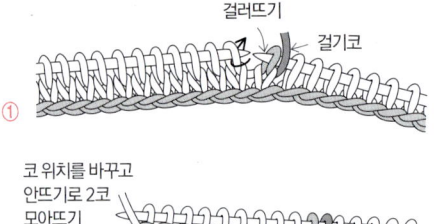

① 걸러뜨기　걸기코

② 걸러뜨기　걸기코

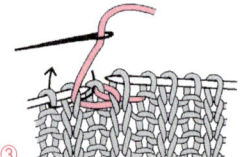

③ 코 위치를 바꾸고 안뜨기로 2코 모아뜨기

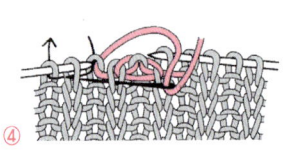

④

오른쪽

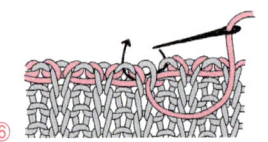

겉뜨기로 2코 모아뜨기

왼쪽

원형뜨기의 1코 고무뜨기 코막음

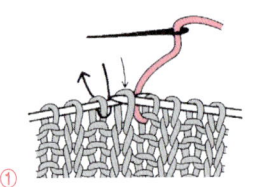

① 안뜨기의 앞쪽에서 뒤쪽으로 돗바늘을 넣고 오른쪽 대바늘에 겉뜨기를 옮긴다.

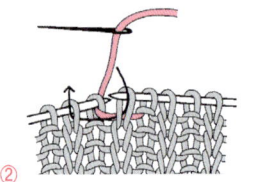

② 건너뛴 겉뜨기의 앞쪽에서 돗바늘을 넣고 다음 겉뜨기에 돗바늘을 넣어 뺀다.

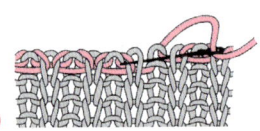

③ 안뜨기의 뒤쪽에서 돗바늘을 넣고 겉뜨기를 건너뛰어 다음 안뜨기 앞쪽에서 뒤쪽으로 돗바늘을 뺀다.

④ ②, ③을 반복한다.

⑤ 한 바퀴 돌아서 마지막은 첫 겉뜨기에 돗바늘을 넣는다.

⑥ 마지막 안뜨기와 2번째 안뜨기를 떠서 완성한다.

원형뜨기의 2코 고무뜨기 코막음

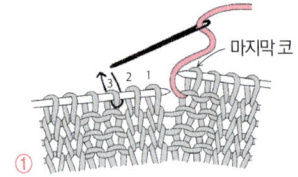

① 마지막 코
겉뜨기 2코를 건너뛰어 3의 안뜨기 앞쪽에서 뒤쪽으로 돗바늘을 뺀다.

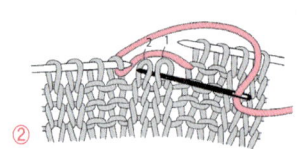

② 처음 1과 2의 2코에 돗바늘을 넣는다.

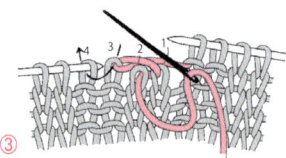

③ 1과 2의 2코를 건너뛰어 3과 4의 안뜨기에 돗바늘을 넣는다.

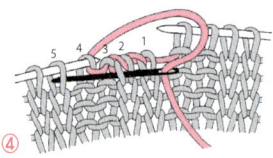

④ 3과 4의 2코를 건너뛰어 2와 5의 겉뜨기에 돗바늘을 넣는다.

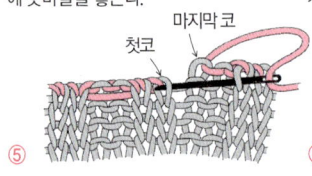

첫코　마지막 코

⑤ 한 바퀴 돌아서 마지막은 첫 겉뜨기에 돗바늘을 넣는다.

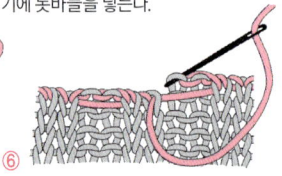

⑥ 안뜨기 뒤쪽에서 앞쪽으로 돗바늘을 넣어 완성한다.

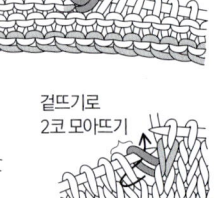

1코 고무뜨기 코막음

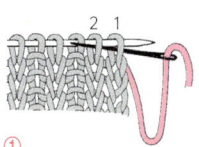

① 가장자리의 1과 2의 겉뜨기 2코에 뒤쪽에서 돗바늘을 넣는다.

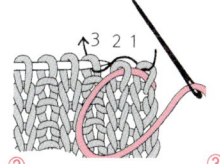

② 다시 한 번 앞쪽에서 1의 코에 돗바늘을 넣는다.

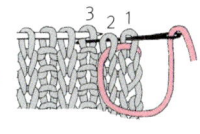

③ 그다음 3의 코 앞쪽에서 뒤쪽으로 돗바늘을 넣는다.

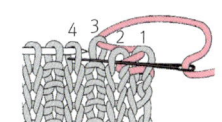

④ 2의 코로 되돌아가 앞쪽에서 돗바늘을 넣고, 4의 겉뜨기 뒤쪽에서 돗바늘을 넣는다.

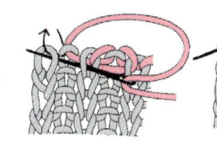

⑤ 같은 과정을 반복해 코막음을 한다.

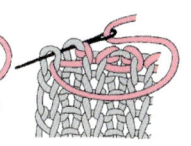

⑥ 마지막은 뒤쪽에서 다시 한 번 2코에 돗바늘을 넣는다.

2코 고무뜨기 코막음

*그림은 짧은뜨기. 뜨개코가 달라도 같은 요령으로 뜬다.

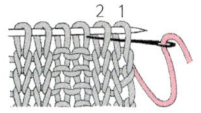

① 가장자리의 1과 2의 겉뜨기 2코에 뒤쪽에서 돗바늘을 넣는다.

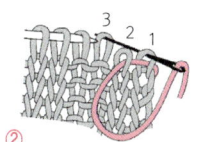

② 다시 한 번 앞쪽에서 1과 3의 코에 돗바늘을 넣는다.

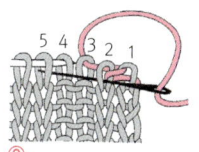

③ 그다음 2의 코 앞쪽에서 뒤쪽으로 돗바늘을 빼내고, 5의 코 뒤쪽에서 앞쪽으로 돗바늘을 넣는다.

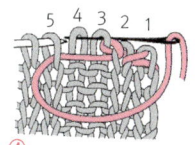

④ 3의 코는 뒤쪽, 4의 코는 앞쪽에서 돗바늘을 넣는다.

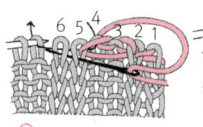

⑤ 5의 코는 앞쪽, 6의 코는 뒤쪽에서 돗바늘을 넣는다.

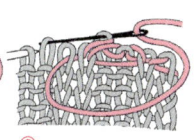

⑥ ③~⑤를 반복해 코막음을 한다.

메리야스자수

가로 수놓기

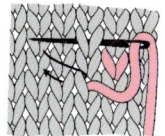

① V자 모양 실 아래로 돗바늘을 빼내 1단 위쪽의 V자 모양 실을 뜬다.

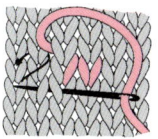

② 돗바늘을 처음 넣은 곳으로 되돌아가며 八자 모양으로 실을 뜬다. 이 과정을 반복한다.

세로 수놓기

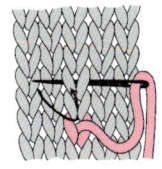

① V자 모양 실 아래에서 돗바늘을 빼내 1단 위쪽의 V자 모양 실을 뜬다.

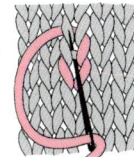

② 돗바늘을 처음 넣은 곳으로 되돌아가서 가로로 실을 뜬다. 이 과정을 반복한다.

* 자수의 기초

아우트라인 스티치

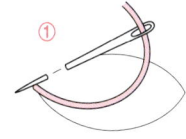

①

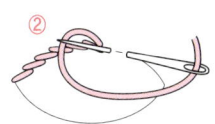

②

레이지데이지 스티치

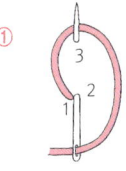

①

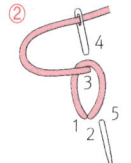

②

③

불리온 스티치

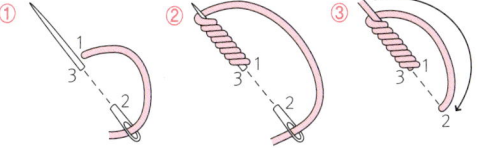

① ② ③

④ ⑤

불리온로즈 스티치

불리온 스티치를 장미 모양으로 수 놓는다.

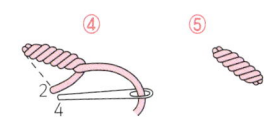

프렌치너트 스티치

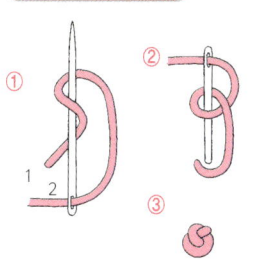

① ② ③

크로스스티치

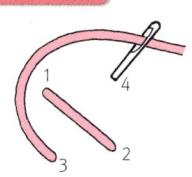

하프 크로스스티치는 1~2를 반복한다.

197

사용한 실 정보

이 책에 실린 손뜨개 작품에 쓰인 실은 인터넷으로 구입할 수 있습니다(실 이외의 비즈 등 부자재는 제외). 털실은 유자와야ユザワヤ에서 판매하는 먼셀 메리노, 에페소, 라이트모헤어를 사용했으며, 자수용 털실은 앵커 아트 4238을 사용했습니다. 먼셀 메리노는 메리노 울 100% 제품으로 캐시미어 같은 감촉과 비단 같은 광택을 자랑하는 고품질 실입니다.

✻ 털실은 유자와야 오프라인 매장에서도 구입할 수 있으나 앵커 자수용 털실은 가마타·야마토·쓰다누마·고베 4개 지점에서만 취급합니다. 각 매장에 대한 정보는 홈페이지(www.yuzawaya.co.jp)를 참고하세요.
✻ 온라인 쇼핑몰(www.takuten.co.jp/yuzawaya, store.shopping.yahoo.co.jp/yuzawaya)에서도 구입할 수 있습니다.

꽃 모티프 쿠션

유자와야 먼셀 메리노 레인보우(병태사) 연한 핑크색(2) 3타래, 물색(79)·녹색(59)·오프화이트색(143)·빨간색(10)·레몬색(41)·잉크블루색(90) 각 1타래

꽃 자수 쿠션

유자와야 먼셀 메리노 레인보우(병태사) 오프화이트색(143) 4타래, 앵커 아트 4238 자수용 털실 9색 13타래

폼폼 꽃 쿠션

유자와야 먼셀 메리노 레인보우(병태사) 연청색(82) 3타래, 연한 핑크색(2)·노란색(46)·담녹색(55)·파란색(89)·연한 라벤더색(112)·핑크색(124) 각 1타래, 앵커 아트 4238 자수용 털실 6색 각 1타래

코바늘 꽃 쿠션

유자와야 먼셀 메리노 레인보우(병태사) 엷은 민트그린색(67) 7타래, 노란색(46)·핑크색(124)·녹색(59)·연한 핑크색(2)·연한 라벤더색(112)·주황색(16)·파란색(89)·에크뤼색(143) 각 1타래

미니 무릎담요

유자와야 먼셀 메리노 레인보우(병태사) 오프화이트색(143) 5타래, 녹색(59)·빨간색(10)·핑크색(124)·노란색(40)·물색(79)·연보라색(108)·장미색(125) 각 1타래

컬러풀 블랭킷

유자와야 먼셀 메리노 레인보우(병태사) 빨간색(10) 5타래, 물색(79) 4타래, 핑크색(124)·연한 핑크색(2)·오프화이트색(143)·녹색(59)·노란색(40) 각 3타래, 연보라색(108)·잉크블루색(90) 각 2타래

크로셰 블랭킷

유자와야 먼셀 메리노 레인보우(병태
사) 핑크색(124) 4타래, 주홍색(10) · 노
란색(46) · 물색(79) 각 3타래, 담녹색
(55) · 에크뤼색(143) 각 2타래

장미꽃 도일리

유자와야 먼셀 메리노 퀸(중세사) 흰색
(1075) · 파란색(1038) · 녹색(1030) 각
1타래, 앵커 아트 4238 자수용 털실 2
색 각 1타래

꽃 도일리

유자와야 먼셀 메리노 레인보우(병태
사) 크림색(52) · 민트그린색(73) · 빨간
색(11) · 겨자색(47) · 녹색(59) · 핑크색
(124) 각 1타래

꽃 자수 코스터 5개 세트

유자와야 먼셀 메리노 레인보우(병태
사) 에크뤼색(143) · 겨자색(47) · 연보
라색(108) · 파란색(89) · 핑크색(124)
· 민트그린색(73) 각 1타래, 앵커 아트
4238 자수용 털실 6색 각 1타래

컵 홀더 3색 세트

유자와야 먼셀 메리노 퀸(중세사) 오프
화이트색(1074) · 핑크색(1057) · 파란
색(1038) · 연한 민트그린색(1026) 각
1타래, 앵커 아트 4238 자수용 털실 9
색 각 1타래

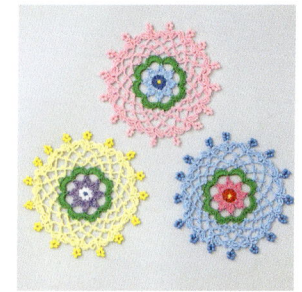

유리병 커버 3색 세트

유자와야 먼셀 메리노 퀸(중세사) 연한
핑크색(1003) · 빨간색(1005) · 연노란
색(1017) · 노란색(1018) · 녹색(1030) ·
파란색(1038) · 잉크블루색(1040) · 라
벤더색(1050) · 핑크색(1057) · 오프화
이트색(1074) 각 1타래

비즈 장식 유리병 커버
2색 세트

유자와야 먼셀 메리노 퀸(중세사) 핑크
색(1057) · 라벤더색(1050) 각 1타래

달걀 워머 4개 세트

유자와야 먼셀 메리노 레인보우(병태
사) 새먼핑크색(3) · 주홍색(10) · 노란색
(46) · 녹색(59) · 하늘색(101) · 핑크색
(124) · 회색(146) · 주황색(16) · 라이트
그린색(58) · 짙은 파란색(90) · 짙은 민
트그린색(74) · 담녹색(55) 각 1타래

티 포트 워머

유자와야 먼셀 메리노 레인보우(병태
사) 빨간색(11) · 말차색(56) · 겨자색
(47) · 연보라색(108) · 보라색(114) · 핑
크색(124) 각 1타래

A **B**

포트 홀더
A=핑크색, B=라벤더색

A 유자와야 먼셀 메리노 레인보우(병태
사) 에크뤼색(143) · 녹색(59) · 주홍색
(10) · 연한 핑크색(2) · 노란색(46) · 핑
크색(124) 각 1타래
B 유자와야 먼셀 메리노 레인보우(병태
사) 에크뤼색(143) · 담녹색(55) · 라벤
더색(113) · 연한 라벤더색(112) · 노란
색(46) · 보라색(114) 각 1타래

룸 슈즈

유자와야 먼셀 메리노 레인보우(병태사)
연보라색(108) 3타래, 녹색(59) 1타래,
앵커 아트 4238 자수용 털실 4색 6타래

에크뤼색 옷걸이 커버

유자와야 먼셀 메리노 레인보우(병태사)
에크뤼색(143) 2타래, 앵커 아트 4238
자수용 털실 7색 각 1타래

녹색 옷걸이 커버

유자와야 먼셀 메리노 레인보우(병태
사) 엷은 민트그린색(67) 2타래, 민트그
린색(73) 1타래, 앵커 아트 4238 자수
용 털실 7색 각 1타래

바스켓 클로스 장식

유자와야 먼셀 메리노 퀸(중세사) 카
키색(1029) · 새먼핑크색(1004) · 빨
간색(1005) · 겨자색(1020) · 파란색
(1040) · 라벤더색(1050) · 핑크색
(1057) 각 1타래

작은 꽃 래리어트

유자와야 먼셀 메리노 레인보우(병태
사) 연녹색(54) · 연한 새먼핑크색(9) ·
연노란색(39) · 민트그린색(73) · 연보
라색(115) · 연보랏빛 핑크색(118) 각 1
타래, 먼셀 메리노 퀸(중세사) 빨간색
(1005) · 머스터드색(1020) · 라벤더색
(1050) · 핑크색(1057) 각 1타래

레이스 스톨

유자와야 먼셀 메리노 퀸(중세사) 파란
색(1038) 2타래, 녹색(1030) · 노란색
(1018) · 빨간색(1005) · 연한 핑크색
(1003) · 잉크블루색(1040) · 라벤더색
(1050) · 핑크색(1057) · 오프화이트색
(1074) 각 1타래

투웨이 볼레로

유자와야 라이트 모헤어(극세사) 핑크색(108) 5타래, 먼셀 메리노 퀸(중세사) 카키색(1029) · 새먼핑크색(1004) · 빨간색(1005) · 머스터드색(1020) · 민트그린색(1032) · 라벤더색(1050) · 장미색(1058) · 잉크블루색(1040) 각 1타래

삼각 스톨

유자와야 먼셀 메리노 퀸(중세사) 빨간색(1005) 3타래

레이스 스누드

유자와야 먼셀 메리노 퀸(중세사) 연한 핑크색(1003) · 녹색(1027) · 핑크색(1057) · 장미색(1058) 각 1타래

코르사주 장식 모자

유자와야 에페소(중세사) 차콜색(22) 4타래, 먼셀 메리노 퀸(중세사) 카키색(1029) 1타래, 앵커 아트 4238 자수용 털실 3색 각 1타래

모자와 목걸이

유자와야 먼셀 메리노 레인보우(병태사) 베이지색(27) 3타래, 먼셀 메리노 퀸(중세사) 겨자색(1020) · 연한 카키색(1028) · 카키색(1029) 각 1타래

손목 워머

유자와야 먼셀 메리노 레인보우(병태사) 엷은 민트그린색(67) 1타래, 먼셀 메리노 퀸(중세사) 엷은 핑크색(1002) · 연한 핑크색(1003) · 연한 새먼핑크색(1010) · 연한 민트그린색(1026) · 연한 라벤더색(1049) · 라벤더색(1050) · 짙은 핑크색(1056) 각 1타래

비침무늬 양말

유자와야 먼셀 메리노 레인보우(병태사) 연한 핑크색(2) 3타래, 먼셀 메리노 퀸(중세사) 연한 핑크색(1003) 1타래

꽃무늬 양말

유자와야 먼셀 메리노 레인보우(병태사) 오프화이트색(143) 3타래, 빨간색(10) 1타래, 앵커 아트 4238 자수용 털실 5색 각 1타래

미니 꽃 장식 칼라

유자와야 에페소(중세사) 베이지색(29) 3타래, 먼셀 메리노 퀸(중세사) 빨간색(1005)·머스터드색(1020)·민트그린색(1032)·잉크블루색(1040)·라벤더색(1050)·핑크색(1057)·장미색(1058) 각 1타래, 먼셀 메리노 레인보우(병태사) 담녹색(55) 1타래

강아지 목걸이와 레그 워머

유자와야 먼셀 메리노 레인보우(병태사) 녹색(59) 1타래, 라이트 모헤어 회색(101) 4타래, 앵커 아트 4238 자수용 털실 4색 7타래

헤어밴드와 강아지 원피스

유자와야 먼셀 메리노 레인보우(병태사) 핑크색(124) 2타래, 빨간색(11)·노란색(46)·라이트그린색(58)·터쿼이즈블루색(80)·라벤더색(113)·회색(146) 각 1타래

꽃이 만발한 마르셰 백

유자와야 먼셀 메리노 레인보우(병태사) 베이지색(27)·모카색(140) 각 2타래, 에페소(중세사) 모카베이지색(29) 6타래, 앵커 아트 4238 자수용 털실 18색 26타래

마거리트 꽃 가방

유자와야 먼셀 메리노 레인보우(병태사) 오프화이트색(143) 3타래, 핑크색(124) 2타래, 레몬색(41) 1타래

입체 꽃 장식 그래니 백

유자와야 먼셀 메리노 레인보우(병태사) 빨간색(10) 2타래, 연한 핑크색(2)·레몬색(41)·녹색(59)·물색(79)·연보라색(108)·핑크색(124)·회색(146)·잉크블루색(90)·보르도색(121) 각 1타래

코르사주 장식 그래니 백

유자와야 먼셀 메리노 레인보우(병태사) 파란색(89) 4타래, 노란색(46)·빨간색(11)·핑크색(124)·녹색(59)·연한 주황색(15)·민트그린색(73)·에메랄드그린색(75)·터쿼이즈블루색(80)·짙은 파란색(90)·연한 라벤더색(112)·라벤더색(113)·담녹색(55) 각 1타래

미니 토트백

유자와야 먼셀 메리노 레인보우(병태사) 금빛 갈색(32) 3타래, 주홍색(10)·주황색(16)·녹색(59)·라벤더색(113) 각 1타래

동전 지갑 빨간색

유자와야 먼셀 메리노 레인보우(병태사) 빨간색(11) 1타래, 앵커 아트 4238 자수용 털실 8색 각 1타래, 똑딱이 프레임 1개

동전 지갑 핑크색

유자와야 먼셀 메리노 레인보우(병태사) 핑크색(124) 1타래, 앵커 아트 4238 자수용 털실 8색 각 1타래

레이스 슈슈 2색 세트

유자와야 먼셀 메리노 퀸(중세사) 핑크색(1057)·파란색(1038)·터쿼이즈색(1039)·장미색(1058)·빨간색(1005)·머스터드색(1020)·녹색(1030)·잉크블루색(1040) 각 1타래

거베라 꽃 코르사주

앵커 아트 4238 자수용 털실 4색 각 1타래

장미꽃 코르사주

앵커 아트 4238 자수용 털실 6색 각 1타래

꽃 장식 참

앵커 아트 4238 자수용 털실 9색 10타래

꽃과 작은 손뜨개

1판 1쇄 발행 2014년 2월 26일
1판 4쇄 발행 2022년 7월 13일

지은이 료카이 가즈코
옮긴이 배혜영

발행인 양원석
편집장 차선화
영업마케팅 윤우성, 박소정

디자인 PROJECT
사진 오단 마치코, 하치스 아야코
모델 루카, 레지나

펴낸 곳 ㈜알에이치코리아
주소 서울시 금천구 가산디지털2로 53, 20층 (가산동, 한라시그마밸리)
편집문의 02-6443-8861　　**도서문의** 02-6443-8800
홈페이지 http://rhk.co.kr
등록 2004년 1월 15일 제2-3726호

ISBN 978-89-255-5223-1 13590